2024年度版

金融業務2級

財務コース

試験問題集

一般社団法人 金融財政事情研究会

◇ 本書についての注意事項 ◇

・「収益認識に関する会計基準（新収益認識基準）」および「収益認識に関する会計基準の適用指針」が、2021年4月1日以後に開始する連結会計年度および事業年度の期首から適用されています。ただし、新収益認識基準は、会社法上の大会社（資本金5億円以上または負債200億円以上の会社）や上場企業においては強制適用とされていますが、中小企業（監査対象法人以外）では、従来どおり企業会計原則等による会計処理が認められています。また、日本税理士会連合会、日本公認会計士協会、日本商工会議所および企業会計基準委員会の関係4団体が主体となって設置した中小企業の会計に関する指針作成検討委員会が2023年5月に公表したプレスリリースによれば、「新収益認識基準が上場企業等に適用された後に、その適用状況及び中小企業における収益認識の実態も踏まえ、検討する」としていることから、本書では、従来の企業会計原則等に基づいた会計処理についての出題を基本としています。

・本書において、問題文等に使用されている「▲」の表記は、その数値がマイナス値であることを示しています。

・本書の「解説と解答」において、割合を求める計算過程では、％表示にするための「×100」の表記を省略しております。

◇はじめに◇

　本書は、金融業務能力検定「金融業務２級　財務コース」の受験者の学習の利便を図るためにまとめた試験問題集です。

　本書の構成は６章からなり、各テーマ別に問題を分類・収録しています。各問題を解いていくことにより、基礎知識から実務応用力までを養成することができるように配慮しました。

　財務知識の修得は、融資の分野をはじめ、業務上必要不可欠なものとなっています。とりわけ、金融機関の中堅行職員には、財務諸表の規則や各種分析手法などを用いて企業の実態を把握することにとどまらず、融資の可否判断をも行いうる能力が求められているといえます。そのため、本書では、断片的な知識のみを問う出題は極力避け、応用力・判断力を身に付けることに重点を置いた問題を豊富に掲載しています。

　ただし、本書は試験の出題範囲のすべてを網羅しているわけではありませんので、本書に加えて、基本教材である通信教育講座「３カ月マスター　財務コース」や「財務・キャッシュフロー経営分析実践コース」（一般社団法人金融財政事情研究会）に取り組むことをお勧めします。

　本書を有効に活用して「金融業務２級　財務コース」に合格され、ご活躍されることを期待しています。

2024年３月

一般社団法人　金融財政事情研究会

検定センター

◇◇目　次◇◇

第2章　会計制度

第3章 財務分析

第4章　資金分析等

───〈法令基準日〉───

本書は、問題文に特に指示のない限り、2024年4月1日（基準日）現在施行の法令等に基づいて編集しています。

◇ **CBTとは**◇

　CBT（Computer-Based Testing）とは、コンピュータを使用して実施する試験の総称で、パソコンに表示された試験問題にマウスやキーボードを使って解答します。金融業務能力検定は、一般社団法人金融財政事情研究会が、株式会社シー・ビー・ティ・ソリューションズの試験システムを利用して実施する試験です。CBTは、受験日時・テストセンター（受験会場）を受験者自らが指定できるとともに、試験終了後、その場で試験結果（合否）を知ることができるなどの特長があります。

本書に訂正等がある場合には、下記ウェブサイトに掲載いたします。
https://www.kinzai.jp/seigo/

───〈凡　例〉───

・財務諸表等規則…財務諸表等の用語、様式及び作成方法に関する規則

・連結財務諸表規則…連結財務諸表の用語、様式及び作成方法に関する規則

「金融業務2級 財務コース」試験概要

　各種財務分析の手法と、ケース・スタディによる総合的な企業分析能力ならびに融資判断力を検証します。

■受験日・受験予約　通年実施。受験者ご自身が予約した日時・テストセンター（https://cbt-s.com/examinee/testcenter/）で受験していただきます。

受験予約は受験希望日の3日前まで可能ですが、テストセンターにより予約可能な状況は異なります。

■試験の対象者　金融業務3級財務コース合格者、中堅行職員または管理者層　※受験資格は特にありません

■試験の範囲　1. 財務諸表　2. 会計制度　3. 財務分析
4. 資金分析等　5. 企業実態の把握等　6. 総合問題

■試験時間　120分　試験開始前に操作方法等の案内があります。

■出題形式　四答択一式30問、総合問題10題

■合格基準　100点満点で70点以上

■受験手数料（税込）　7,700円

■法令基準日　問題文に特に指示のない限り、2024年4月1日現在施行の法令等に基づくものとします。

■合格発表　試験終了後、その場で合否に係るスコアレポートが手交されます。合格者は、試験日の翌日以降、合格証をマイページからPDF形式で出力できます。

■持込み品　携帯電話、筆記用具、計算機、参考書および六法等を含め、自席（パソコンブース）への私物の持込みは認められていません。テストセンターに設置されている鍵付きのロッカー等に保管していただきます。メモ用紙・筆記用具はテストセンターで貸し出されます。計算問題については、試験画面上に表示される電卓を利用することができます。

■受験教材等　・本書
・通信教育講座「3カ月マスター 財務コース」
・通信教育講座「財務・キャッシュフロー経営分析実践コース」

■受験申込の変更・　受験申込の変更・キャンセルは、受験日の3日前までマ
　キャンセル　　　　イページより行うことができます。受験日の2日前から
　　　　　　　　　　は、受験申込の変更・キャンセルはいっさいできませ
　　　　　　　　　　ん。
■受験可能期間　　　受験可能期間は、受験申込日の3日後から当初受験申込
　　　　　　　　　　日の1年後までとなります。受験可能期間中に受験（ま
　　　　　　　　　　たはキャンセル）しないと、欠席となります。

※金融業務能力検定・サステナビリティ検定の最新情報は、一般社団法人金融財政
　事情研究会のWebサイト（https://www.kinzai.or.jp/kentei/news-ken
　tei）でご確認ください。

第1章

財務諸表

1－1　財務分析の手法（Ⅰ）

《問》財務分析の手法に関する次の記述のうち、最も適切なものはどれ
か。
1）実数分析とは、財務資料の実数に基づき企業の財政状態や収益状況
を分析する方法であり、その手法は内訳分析法と増減法等に分類さ
れる。
2）流動比率、負債比率、固定比率、株主資本比率などの時系列比較に
基づく安全性分析は、実数分析のうちの増減法に分類される。
3）比率分析は、財務資料の実数の相互関係から算定される比率に基づ
いて企業の財政状態を分析する手法であり、企業の収益状況を分析
する手法としては活用されない。
4）中小企業において、当該企業特有の会計処理が行われていたり、勘
定科目が設定されている場合は、まずは比率分析のうちの構成比率
法により財務諸表の構成比を百分比で表し、他業態の企業の財務諸
表の構成比と対比し、その相違点を分析する必要がある。

● 解説と解答 ●

■財務分析手法の体系図

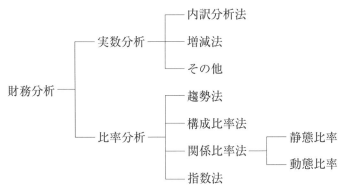

1）適切である。財務分析の手法は、財務資料の実数に基づき企業の財政状態
や収益状況を分析する「実数分析」と、財務資料の実数の相互関係から算
定される比率に基づき企業の財政状態や収益状況を分析する「比率分析」

に大別される。実数分析の手法は主に、「内訳分析法」「増減法」に分類され、比率分析の手法は主に、「趨勢法」「構成比率法」「関係比率法」に分類される。

2）不適切である。流動比率、負債比率、固定比率、株主資本比率などの時系列比較に基づく安全性分析は、比率分析のうちの関係比率法に分類される。なお、関係比率法において用いられる関係比率は、貸借対照表の複数項目間の相互の関係から算出される静態比率と、損益計算書と貸借対照表の複数項目間の関係から算出される動態比率に分類される。本肢の流動比率、負債比率、固定比率、株主資本比率などは、静態比率に分類される。

3）不適切である。解説1）を参照。比率分析の手法は、企業の財政状態の分析、企業の収益状況の分析のいずれにも活用される。

4）不適切である。中小企業では、その企業に特有の会計処理や勘定科目があることが多く、その場合には、比率分析を行う前に、内訳分析法により金額そのものを分解して、その内容を調査することが必要となる。

正解　1）

1-2　財務分析の手法（Ⅱ）

《問》財務分析の手法に関する次の記述のうち、最も不適切なものはどれか。

1）実数分析のうち増減法とは、2期間以上の財務諸表を比較して分析項目の増減を検討する方法であり、比較貸借対照表・損益計算書分析は、増減法を応用したものである。
2）企業の財務分析において、同業他社平均と比較をする場合は、実数の規模や増減のみに着目する実数分析よりも、実数値の相互関係を把握する比率分析のほうが有効とされる。
3）比率分析のうち趨勢法とは、基準とするある決算期における各勘定科目の数字を100とし、その後の決算期の実数を百分比で表す手法であり、異なる期間の財務諸表を分析するのに有効とされる。
4）資本収益率や売上高利益率、資本回転率は、比率分析のうちの関係比率法で用いられる静態比率に分類される。

・解説と解答・

1）適切である。なお、比較貸借対照表・損益計算書分析のほか、資金運用表分析、利益増減分析も増減法を応用したものとされる。
2）適切である。実数分析は、特定の勘定科目の内容を直接把握するため、特に中小企業では比率分析よりも有効な手法とされている。一方、実数の規模、増減のみに注目すると実数値の相互関係が把握できないため、同業他社平均と比較する場合には比率分析のほうが有効とされる。
3）適切である。趨勢法は、各項目に適用することができ、主に損益計算書科目の伸び率を捉えるために使用される。財務諸表分析だけでなく、一般的な統計処理の手法であり、売上や利益の品目別の変化など業況全般の把握に有効とされる。なお、趨勢法は、基準となる決算期の数字の取り方によって趨勢が大きく変動すること、金額の絶対額での大小や規模の程度がわからなくなることなどに注意が必要である。
4）不適切である。静態比率とは、貸借対照表の2項目を選択し、その相互関係から算出される比率である。静態比率は、資産の構成、負債・純資産の構成、資産と負債・純資産との関連を示し、流動比率、負債比率、固定比率、自己資本比率など、安全性分析を行う際に利用される。一方、動態比

率とは、貸借対照表と損益計算書の2項目の関係から算出される比率である。資本収益率や売上高利益率、資本回転率など、損益計算書の各項目間、損益計算書と貸借対照表の各項目の関連を示し、収益性・安全性の分析に利用される。

正解　4）

1－3　貸借対照表の勘定科目（Ⅰ）

《問》貸借対照表の勘定科目に関する次の記述のうち、最も不適切なもの
はどれか。
1）建物や機械などの有形固定資産は、減価償却という手続を経て費用
化されることから、減価償却資産とも呼ばれる。
2）繰延資産とは、将来の期間に影響する費用であることから、例外と
して資産計上が認められた特定の資産であり、株式交付費などの5
項目が認められている（税務上の繰延資産は考慮しない）。
3）無形固定資産とは、主に長期にわたり経済上の権利を与える資産等
のことであり、代表的なものとして、特許権が挙げられる。
4）株主が資本として企業に払い込んだ資金である払込資本の額と、貸
借対照表に計上された資本金の額は、必ず一致することとなる。

・解説と解答・

1）適切である。なお、減価償却とは、建物、設備、ソフトウェアなどの有
形・無形固定資産を費用化する手続のことである。有形固定資産を貸借対
照表に記載する方法として、取得価額、当年度までの減価償却累計額およ
びその差額を記載する間接法、または貸借対照表に控除後残高を記載し、
当年度までの減価償却累計額を注記する直接法の2つの方法が認められて
いる（企業会計原則　第三－四（三）、会社計算規則79条、法人税法2条23
号、所得税法2条1項19号）。
2）適切である。繰延資産とは、法人または個人が支出する事業に係る費用の
うち、支出の効果がその支出の日以後1年以上に及ぶもので、創立費、開
業費、開発費、株式交付費、社債発行費などが該当する（財務諸表等規則
36条、法人税法2条24号、同法施行令14条、所得税法2条1項20号、同法
施行令7条）。繰延資産は、将来の期間に影響する費用であることから、
例外として資産計上が認められた資産とされる（会社計算規則73条、74
条）。また、繰延資産については相当の償却を行うこととされており、貸
借対照表上の表示については直接法によることとされている（同規則84
条）。
3）適切である（会社計算規則74条3項3号）。なお、無形固定資産のうち、
のれんの貸借対照表への計上は、有償で譲受けまたは合併により取得した

場合に限り認められている（企業会計原則 注解25）。また、一部を除く無形固定資産は、原則として、残存価額をゼロとした定額法により減価償却が行われる（法人税法施行令48条の2第1項4号、所得税法施行令120条の2第1項4号）。

4）不適切である。払込資本は、その全額を資本金とするのが原則であるが、その払込額の2分の1を上限に、株式払込剰余金として資本準備金とすることも認められており、払込資本の額と資本金の額が必ずしも一致するわけではない（会社法445条1～3項）。

<u>正解 4）</u>

1－4　貸借対照表の勘定科目（Ⅱ）

《問》企業会計原則に基づく貸借対照表における経過勘定項目の流動・固
定分類に関する次の記述のうち、最も不適切なものはどれか。
1）前払費用は、流動資産または固定資産に計上される。
2）未払費用は、固定負債に計上される。
3）未収収益は、流動資産に計上される。
4）決算日から1年以内に収益となる前受収益は、流動負債に計上される。

・解説と解答・

1）適切である。前払費用は1年基準が適用されるため、決算日の翌日から起
算して1年以内に費用となるものは流動資産に計上し、1年を超える期間
を経て費用となるものは、投資その他の資産に「長期前払費用」（固定資
産）として計上する（企業会計原則 注解16）。
2）不適切である。未払費用は、企業会計原則 注解16の規定により、流動負
債に計上される。
3）適切である。未収収益は、企業会計原則 注解16の規定により、流動資産
に計上される。
4）適切である。決算日から1年以内に収益となる前受収益は、企業会計原
則 注解16の規定により、流動負債に計上される。なお、決算日から1年
を超える期間を経て収益となるものについては、「長期前受収益」として
固定負債に計上される。

正解　2）

■資産および負債の流動・固定分類基準
　資産および負債の流動・固定の分類は、原則として次の基準に基づいて行
う。
・正常営業循環基準：商品の仕入れから売上の一連の営業活動（営業循環）に
含まれる項目をすべて流動項目（流動資産または流動負債）として取り扱
う。
・1年基準：正常な営業循環過程にない、または営業循環過程から外れた資
産・負債で、決算日の翌日から起算して1年以内に回収期限または支払期限
が到来するものを流動項目、それ以外を固定項目（固定資産または固定負

債）として取り扱う。

　経過勘定項目については、企業会計原則 注解16の規定により、前払費用のみ1年基準が適用され、未払費用や未収収益、前受収益は、原則として流動項目とされる。ただし、前受収益については、実務上、1年基準が適用されており、解説4）のとおり、決算日から1年をこえる期間を経て収益となるものについては、「長期前受収益」として固定負債に計上する取扱いとなっている。なお、経過勘定項目とは、現金収支と計上すべき収益や費用のタイミングがずれたときに、そのずれを調整するための勘定科目であり、未払費用、未収収益、前受収益、前払費用の4つとされている。

1-5 貸借対照表の勘定科目（Ⅲ）

《問》貸借対照表の勘定科目に関する次の記述のうち、最も適切なものはどれか。
1) 建設仮勘定は、有形固定資産の建設等のために支出したものであるから、当該有形固定資産が完成する前に決算期を迎えた場合は、減価償却を行う必要がある。
2) 有形固定資産の減価償却累計額の表示について、当該有形固定資産の取得価額から当年度までの減価償却累計額を控除した残額を当該有形固定資産の金額として表示する方法を間接法という。
3) 棚卸資産とは、販売活動を通じて現金化される資産であり、1年基準により流動資産に分類される。
4) 棚卸資産の評価方法には、個別法や先入先出法など多くの方法があるが、事業の種類やたな卸資産の種類等により、その方法を選定することとなる。

・解説と解答・

1) 不適切である。建設仮勘定は、有形固定資産の建設等のために支出した手付金や前渡金などで、完成時までこの科目で処理され、完成した段階でそれぞれの科目へ振り替えられることとなる。つまり、建設仮勘定はまだ稼働していない有形固定資産であるので、原則として、減価償却の対象にはならない（会社計算規則74条3項2号リ、法人税法基本通達7-1-4）。
2) 不適切である。本肢は、直接法についての記述である。有形固定資産の減価償却累計額を表示する方法としては、当該有形固定資産の取得価額、当年度までの減価償却累計額およびその差額を記載する間接法と、当年度の減価償却費控除後の残高を記載し、当年度までの減価償却累計額を注記する直接法がある（会社計算規則79条）。
3) 不適切である。棚卸資産は、商品、製品、半製品、原材料、仕掛品、貯蔵品などのように、一般に販売活動を通じて現金化される資産であり、正常営業循環基準により流動資産に分類される。なお、1年基準とは、営業循環外の資産・負債について、決算日の翌日から起算して1年以内に回収期限または支払期限が到来するものを流動項目（流動資産または流動負債）、それ以外を固定項目（固定資産または固定負債）として取り扱う、資産お

　　よび負債の流動・固定の分類基準である。

4）適切である。棚卸資産の評価方法には様々な方法があるが、下記のなかから、事業の種類や棚卸資産の種類等により選定することとなる（「棚卸資産の評価に関する会計基準」6－2、6－3）。

　①個別法：期末棚卸資産の全部について、個々の取得価額を期末棚卸資産の評価額とする方法。

　②先入先出法：最も古く取得したものから順次払出しが行われたとの考えに基づき、期末棚卸資産は最も新しく取得したものからなるとみなし、そのみなされた棚卸資産の取得価額を、期末棚卸資産の評価額とする方法。

　③平均原価法：取得した棚卸資産の平均原価を算出し、この平均原価を期末棚卸資産の評価額とする方法。

　④売価還元法：期末棚卸資産の区分ごとに、その棚卸資産の通常の販売価額の総額に原価率を乗じて計算した金額を取得価額とし、期末棚卸資産の評価額とする方法。

<u>正解　4）</u>

1−6　貸借対照表の勘定科目（Ⅳ）

《問》貸借対照表の見方に関する次の記述のうち、最も不適切なものはどれか。
1）貸借対照表の項目は、一般に、資産・負債ごとに流動性の高い項目から順に配列する流動性配列法が採用されている。
2）通常の販売目的で保有する棚卸資産の評価は、原則として取得原価をもって貸借対照表価額とするが、期末における正味売却価額が取得原価よりも下落している場合は、当該正味売却価額に期末における下落額相当額を加算した額を貸借対照表価額とする。
3）開業費、株式交付費等の繰延資産は、実務上は費用の先送りにすぎない場合が多いため、資産性の有無については十分に吟味する必要がある。
4）売掛金や貸付金などの債権に対する貸倒引当金は、原則として、その科目ごとに債権金額または取得価額から控除する形式で表示する。

・解説と解答・

1）適切である（企業会計原則　第三−三）。なお、流動性配列法に対して、固定性の高い項目から順に配列する方法を固定性配列法といい、固定資産が資産の多くを占める電気事業、ガス事業等の貸借対照表においては、固定性配列法が採用されている。
2）不適切である。通常の販売目的で保有する棚卸資産の評価は、原則として取得原価をもって貸借対照表価額とし、期末における正味売却価額が取得原価よりも下落している場合は、当該正味売却価額を貸借対照表価額とする。なお、本肢のように、通常の販売目的で保有する棚卸資産の期末における正味売却価額が取得原価よりも下落しており当該正味売却価額を貸借対照表価額とする場合は、取得原価と当該正味売却価額との差額は、当期の費用として処理することとなる（「棚卸資産の評価に関する会計基準」7）。
3）適切である。繰延資産は、創立費、開業費、株式交付費、社債発行費、開発費等を計上することが認められている。これらの資産については、償却額を控除した残高を表示することとされている（財務諸表等規則36～38

条)。

4) 適切である。なお、2以上の科目について、貸倒引当金を一括して記載する方法や、貸倒引当金を控除した残額のみを記載し、当該貸倒引当金を注記する方法も認められている（企業会計原則　第三－四（一）、注解17）。

<u>正解　2)</u>

1-7　貸借対照表の勘定科目（Ⅴ）

《問》貸借対照表の見方に関する次の記述のうち、最も不適切なものはどれか。
1）貸借対照表に記載する資産の価額は、減価償却資産や時価が取得原価よりも著しく低い資産などを除き、原則として、当該資産の取得原価を基礎として計上する。
2）受取手形の割引高（割引手形残高）は、一般に、貸借対照表の受取手形には計上せず、注記する必要がある。
3）保証債務等の偶発債務は、原則として貸借対照表には計上せず、注記する必要があるとされる。
4）有形固定資産の減価償却累計額は、償却対象資産から直接控除することはできず、償却対象資産ごとに取得原価と当年度までの減価償却累計額およびその差額を併記する必要がある。

・解説と解答・

1）適切である（企業会計原則　第三−五、会社計算規則5条）。
2）適切である。受取手形の割引高（割引手形残高）は、資産・負債として実態を確定されていないため、企業会計原則により、貸借対照表に注記することが規定されている。なお、受取手形の割引高のほか、受取手形の裏書譲渡高、保証債務等の偶発債務、債務の担保に供している資産等は、同様に貸借対照表に注記する必要があるとされる（企業会計原則　第三−一）。
3）適切である（企業会計原則　第三−一）。ただし、一定要件に該当する場合は、債務保証損失引当金等として貸借対照表に計上する。
4）不適切である。有形固定資産の減価償却累計額の表示については、有形固定資産の取得価額、当年度までの減価償却累計額およびその差額を記載する間接法と、当年度の減価償却費控除後の残高を記載し、当年度までの減価償却累計額を注記する直接法の両方が認められている（会社会計規則79条）。

正解　4）

1－8 貸借対照表の勘定科目（Ⅵ）

《問》貸借対照表の配列とその内容に関する次の記述のうち、最も不適切なものはどれか。
1）貸借対照表の科目の配列は、原則として、流動性配列法が採用されるが、固定資産を多く保有する一部の業種においては固定性配列法を採用する法人もある。
2）貸借対照表の科目の配列は、資産ならびに負債の流動・固定分類に基づいて決められている。
3）繰延資産は、通常の資産のように実体的な価値を有しておらず、換金価値がないことから、純資産の部の末尾に記載される。
4）流動性配列法では、資産の部は上から、流動資産、固定資産、繰延資産の順に表示される。

・解説と解答・

1）適切である。貸借対照表の科目の配列方法は、原則として流動性配列法とされるが（企業会計原則 第三－三、財務諸表等規則13条）、財務諸表等規則2条に記載する別記事業においてはこの限りではないため、固定性配列法を採用する法人もある。
2）適切である。貸借対照表の科目の配列は、資産ならびに負債の流動・固定分類に基づいて決められている（企業会計原則 第三－四）。
3）不適切である。繰延資産は、通常の資産のように実体的な価値を有さず、換金価値ももっていないため、貸借対照表上に独立した区分を設け、資産の部の末尾に記載する（企業会計原則 第三－四（一））。
4）適切である。流動性配列法は、資産・負債ごとに流動性の高い科目から順に配列する方法であり、資産は、流動資産、固定資産、繰延資産の順に、負債と純資産は、流動負債、固定負債、純資産の順に並べることになる（企業会計原則 第三－三）。さらに、流動資産のなかでも、現金・預金、受取手形、売掛金、未収入金と支払期限到来の早いものから順に配列する。一方、固定性配列法は、流動性配列法とは逆の順序となり、固定性の高い科目から順に配列するものである。

正解 3）

1－9　貸借対照表の勘定科目（Ⅶ）

《問》貸借対照表の純資産を構成する項目に関する次の記述のうち、最も
　　不適切なものはどれか。
1）自己株式の処分により簿価を上回る価額で株式譲渡を行った場合、
　　自己株式処分差益（譲渡価額と簿価との差額）が、その他資本剰余
　　金に計上される。
2）任意積立金とは、株主総会における剰余金の処分を経て社内に留保
　　されたものであり、配当平均積立金や減債積立金、目的を特定しな
　　い別途積立金がある。
3）株主が資本として企業に払い込んだ資金である払込資本は、原則と
　　して、全額を資本金として計上しなければならないが、当該払込資
　　本の額の2分の1を上限にその他資本剰余金として計上することが
　　認められている。
4）利益準備金は、会社法に基づき会社の利益の一部を社内に留保した
　　ものであり、利益準備金の積み立てにより財務基盤の強化と債権者
　　の保護を図っている。

・解説と解答・

1）適切である（会社法446条2号）。なお、自己株式の処分は減資につなが
　　ない。
2）適切である（会社法452条）。なお、任意積立金は、その他利益剰余金の構
　　成要素であり、その他利益剰余金は、任意積立金と繰越利益剰余金から構
　　成される（財務諸表等規則65条3項）。
3）不適切である。払込資本は、原則として、全額を資本金として計上しなけ
　　ればならないが、例外として、払込資本の額の2分の1を上限に資本準備
　　金とすることも認められている（会社法445条2項、3項）。
4）適切である（会社法445条4項）。

正解　3）

1-10　損益計算書の概要（Ⅰ）

《問》損益計算書の概要に関する次の記述のうち、最も不適切なものはどれか。
1）損益計算書に表示される当期純損益は、期間損益の性質を有する。
2）損益計算書の様式には、勘定式と連結式の2つが存在する。
3）損益計算書では、所定の計算区分を設けることにより、区分ごとの段階別利益を表示している。
4）損益計算書の役割は、継続企業における会計期間の経営成績を明らかにすることである。

・解説と解答・

1）適切である。損益計算書に表示される当期純損益は、期間損益（収益－費用＝利益）の性質を有する（企業会計原則　第二－一）。
2）不適切である。損益計算書の様式には、貸借対照表と同様に勘定式と報告式がある。
3）適切である。報告式の損益計算書では各段階に計算区分を設け、区分ごとの段階別利益を表示することで、金融機関の与信管理など、利害関係者の意思決定に役立たせる役割を有する。なお、次頁の「〈図表〉損益計算書の損益計算ステップ」を参照。
4）適切である。損益計算書は、継続企業における一定期間（「会計期間」という）の経営成績を明らかにする役割を有する（企業会計原則　第二－一）。

正解　2）

1-11　損益計算書の概要（Ⅱ）

《問》損益計算書の概要に関する次の記述のうち、最も適切なものはどれか。

1）会社計算規則によると、報告式による損益計算書は、「売上高」「売上原価」「販売費及び一般管理費」「営業外収益」「営業外費用」「特別利益」および「特別損失」の7項目に区分される。

2）報告式による損益計算書の営業損益計算の部は、本業の収益から本業の費用を差し引いて本業の利益を計算・表示する区分であり、具体的には売上高から売上原価を差し引いて売上総利益までを計算・表示する。

3）損益計算書とは、企業のある時点での財政状態を明示する計表のことであり、その関係を示す等式（費用＋利益＝収益）のことを損益計算書等式という。

4）勘定式による損益計算書において、費用は純資産を減少させる要因であることから、損益計算書の右側に表示される。

・解説と解答・

〈図表〉損益計算書の損益計算ステップ

総売上高						
売上値引および割戻高	売上高					
	売上原価	売上総利益				
		販売費及び一般管理費	営業利益			
			営業外損益	経常利益		
				特別損益	税引前当期純利益	
					法人税等	当期純利益

1）適切である（会社計算規則88条）。
2）不適切である。損益計算書の「営業損益計算の部」においては、売上高から売上原価を差し引いた売上総利益から販売費及び一般管理費を差し引いて営業利益を計算・表示する（企業会計原則　第二－二－A、会社計算規則90条）。
3）不適切である。損益計算書とは、企業の一会計期間（原則として1年）の経営活動の内容とその成果である利益を明示する計表のことであり、その関係を示す等式（費用＋利益＝収益）のことを「損益計算書等式」という。企業のある時点での財政状態を明示する計表は、貸借対照表である（企業会計原則　第二－一、第三－一）。
4）不適切である。勘定式による損益計算書において、収益、費用および利益は左右に区分されて表示される。費用は純資産（資本）を減少させる要因であることから、貸借対照表の純資産とは反対に、損益計算書の左側に表示される。

正解　1）

1−12　損益計算書の概要（Ⅲ）

《問》損益計算書の概要に関する次の記述のうち、最も不適切なものはどれか。

1）報告式の損益計算書においては、利害関係者の意思決定に役立つよう計算区分が設けられ、計算区分に応じた段階的利益が表示される。

2）損益計算書の「営業損益計算の区分」において計算される営業利益は、本業の収益から本業の費用を差し引いた本業の利益を表している。

3）損益計算書の「経常損益計算の区分」に表示される営業外収益・費用には、受取利息や支払利息は含まれるが、流動資産に計上された売買目的有価証券の売却損益は含まれない。

4）税引前当期純利益から法人税等を差し引いた当期純利益は、損益計算書の「純損益計算の区分」に表示される。

・解説と解答・

1）適切である。企業会計原則によれば、報告式の損益計算書には、「営業損益計算の区分」「経常損益計算の区分」「純損益計算の区分」の3つの区分を設けなければならないとされる（企業会計原則　第二−二）。なお、勘定式の損益計算書には、区分は設けられていない。

2）適切である。企業会計原則によれば、「営業損益計算の区分は、当該企業の営業活動から生ずる費用及び収益を記載して、営業利益を計算する」とされ、この「営業活動」は「本業」を意味するため、営業損益計算の区分では、本業の収益から本業の費用を差し引いた本業の利益を表しているといえる。具体的には、営業損益の区分では、売上高から売上原価を差し引き、売上総利益（粗利益）を計算・表示する。さらに、売上総利益から販売費及び一般管理費を差し引いて、営業利益を計算・表示する。

3）不適切である。営業外収益には、受取利息および割引料、有価証券売却益等が、営業外費用には、支払利息および割引料、有価証券売却損、有価証券評価損等が計上される（企業会計原則　第二−四）。

4）適切である。「純損益計算の区分」では、経常損益計算の結果を受けて、特別損益を加減して税引前当期純利益を計算・表示する。さらに税引前当

期純利益から法人税、住民税および事業税を控除して当期純利益を計算・表示する（企業会計原則 第二－二）。

<u>正解　3）</u>

1-13 損益計算書の項目（Ⅰ）

《問》下記の〈資料〉に基づき算出した販売費及び一般管理費として、次のうち最も適切なものはどれか。

〈資料〉

総資産回転率	1.12回
総資産経常利益率	6.5%
総資産	235,000千円
売上高総利益率	32.0%
売上高営業外損益比率	▲1.0%

1) 66,317千円
2) 71,581千円
3) 96,867千円
4) 102,131千円

・ 解説と解答 ・

最初に総資産の金額と総資産回転率から「①売上高」を算出し、売上高と売上高総利益率から「②売上総利益」を、売上高営業外損益比率から「③営業外損益」を算出する。また、総資産の金額と総資産経常利益率から「④経常利益」を算出し、最終的に「⑤営業利益」と「⑥販売費及び一般管理費」を算出するという手順になる。

①売上高を算出する

総資産回転率（回）＝売上高÷総資産より、

売上高＝総資産×総資産回転率
　　　＝235,000千円×1.12回
　　　＝263,200千円

②売上総利益を算出する

売上高総利益率（％）＝売上総利益÷売上高より、

売上総利益＝売上高×売上高総利益率
　　　　　＝263,200千円×32.0%
　　　　　＝84,224千円

③営業外損益を算出する

売上高営業外損益比率（％）＝営業外損益÷売上高より、

営業外損益＝売上高×売上高営業外損益比率

＝263,200千円×▲1.0％

＝▲2,632千円（営業外損失）

④経常利益を算出する

総資産経常利益率（％）＝経常利益÷総資産より、

経常利益＝総資産×総資産経常利益率

＝235,000千円×6.5％

＝15,275千円

⑤営業利益を算出する

経常利益＝営業利益＋営業外損失より、

営業利益＝経常利益－営業外損失

＝15,275千円－（▲2,632千円）

＝17,907千円

⑥販売費及び一般管理費を算出する

販売費及び一般管理費＝売上総利益－営業利益

＝84,224千円－17,907千円

＝66,317千円

<u>正解　1）</u>

■参考

〈損益計算書〉　　　　　　（単位：千円）

売　　上　　高	263,200
売　上　原　価	178,976
売　上　総　利　益	84,224
販売費及び一般管理費	66,317
営　業　利　益	17,907
営　業　外　損　益	▲2,632
経　常　利　益	15,275

1−14　損益計算書の項目（Ⅱ）

《問》損益計算書の項目に関する次の記述のうち、最も不適切なものはどれか。
1）売上原価と販売費及び一般管理費をあわせた費用を、一般に、営業費用という。
2）売上割引とは、代金回収が当初の約定より早められた場合の金融費用（割引額）のことである。
3）固定資産売却益や負ののれんの発生益は、原則として特別利益に含まれる。
4）売上割戻とは、品質不良などによる代金減免額のことである。

・解説と解答・

1）適切である。販売費及び一般管理費は、販売に要した経費や営業活動のための管理費をいい、一般に、売上原価と販売費及び一般管理費をあわせて営業費用という。
2）適切である。売上高は、総売上高から売上値引・売上割戻を控除した純売上高で表示されるが、売上割引は金融費用として営業外費用に表示される。

売上値引：品質不良などによる代金減免額
売上割戻：多額取引などによる代金減免額
売上割引：代金回収が当初の約定より早められた場合の金融費用（割引額）

3）適切である。本肢のほか、売買目的以外で取得した有価証券の売却益なども特別利益に含まれる（企業会計原則　第二−六、注12、会社計算規則88条2項、財務諸表等規則95条の2）。
4）不適切である。解説2）より、売上割戻とは、多額取引などによる代金減免額のことである。

正解　4）

1－15　損益計算書の項目（Ⅲ）

《問》下記の〈資料〉に基づき算出した製造業における損益計算書上の「売上総利益」として、次のうち最も適切なものはどれか。

〈資料〉　　　　　　　　　　　　　　　　　　　　　（単位：百万円）

期首仕掛品棚卸高	143	材料費	1,138	総売上高	3,723
期末仕掛品棚卸高	135	労務費	1,053	売上値引	112
期首製品棚卸高	232	経費	475	売上割引	186
期末製品棚卸高	247			売上割戻	74

1）678百万円
2）692百万円
3）864百万円
4）878百万円

●解説と解答●

売上総利益は、（純）売上高から売上原価を控除して算出するので、

（純）売上高＝総売上高－売上値引－売上割戻
　　　　＝3,723百万円－112百万円－74百万円
　　　　＝3,537百万円

なお、売上割引は、代金回収が当初の約定より早められた場合の金融費用のことであり、営業外費用に計上されるため、ここで総売上高からは控除しない。

売上原価＝期首仕掛品棚卸高＋期首製品棚卸高＋当期総製造費用
　　　　－期末仕掛品棚卸高－期末製品棚卸高より、
　　　　＝143百万円＋232百万円＋（1,138百万円＋1,053百万円＋475百万円）
　　　　－135百万円－247百万円
　　　　＝2,659百万円

∴売上総利益＝（純）売上高－売上原価
　　　　　　＝3,537百万円－2,659百万円
　　　　　　＝878百万円

正解　4）

1−16　連結財務諸表（Ⅰ）

《問》連結財務諸表に関する次の記述のうち、最も不適切なものはどれか。

1）連結の範囲決定には「持株比率基準」と「支配力基準」の2つの基準があり、わが国においては、持株比率基準に基づいて連結の範囲を決定している。

2）連結損益計算書の当期純利益は、「親会社株主に帰属する当期純利益」と「非支配株主に帰属する当期純利益」を合算したものである。

3）連結株主資本等変動計算書は連結貸借対照表の純資産の増減を表す計算書類であり、連結株主資本等変動計算書で求められた当期末純資産残高は、連結貸借対照表上の純資産残高と一致する。

4）連結財務諸表を作成するには、親会社と子会社の財務諸表を合算したうえで、親会社の投資勘定と子会社の資本勘定、親子会社間の債権債務、内部取引および未実現利益の相殺消去等を行うことが必要である。

解説と解答

1）不適切である。連結の範囲の決定には、「持株比率基準」と「支配力基準」の2つの基準がある。わが国においては、従来は持株比率基準に基づいて連結の範囲を決定していたが、2000年3月決算以降は支配力基準に移行している（会社計算規則63条）。

2）適切である（連結財務諸表規則65条3項、4項）。なお、非支配株主に帰属する当期純利益（または当期純損失）は、以前は少数株主損益として損益計算書の費用まはた収益として計上していたが、現在は損益計算書の当期純利益（または当期純損失）の下に表示されている。

3）適切である。株主資本等変動計算書は、貸借対照表の純資産の部の1会計期間における変動額のうち、株主（連結の場合は親会社株主）に帰属する部分である株主資本の各項目の変動事由を報告するために作成するものである。つまり、株主資本等変動計算書に表示される各項目の前期末および当期末の残高は、前期および当期の貸借対照表の純資産の部における各項目の期末残高と整合したものとなる。したがって、連結株主資本等変動計

算書の当期末純資産残高は、連結貸借対照表の純資産残高と一致すること
となる（「株主資本等変動計算書に関する会計基準」1、5）。

4）適切である（会社計算規則68条、「連結財務諸表に関する会計基準」18、
23、31、34〜36）。

正解　1）

1−17　連結財務諸表（Ⅱ）

《問》連結財務諸表の特徴に関する次の記述のうち、最も不適切なものは
どれか。
1）連結財務諸表と親会社単体の損益計算書の当期純利益金額の連単倍
　　率が1倍を下回っている場合は、のれんの償却負担が大きいことが
　　要因の1つと考えられる。
2）連結貸借対照表の純資産の部は、①株主資本、②その他の包括利益
　　累計額、③株式引受権、④新株予約権、⑤非支配株主持分に分類し
　　て記載する必要がある。
3）連結対象である子会社が利益を計上しているとき、連結損益計算書
　　の非支配株主に帰属する当期純利益（損失）の科目には、非支配株
　　主に帰属する利益が利益の増加項目（貸方）として計上される。
4）連結損益計算書と親会社単体の損益計算書の売上高連単倍率が相対
　　的に低い場合は、親子会社間の内部取引が要因の1つと考えられ
　　る。

● 解説と解答 ●

1）適切である。連単倍率とは、連結財務諸表と親会社単体の財務諸表の数値
　　の比率をいう。なお、本肢のほか、子会社が赤字の場合も利益の連単倍率
　　は1を下回る。

$$連単倍率（倍）= \frac{連結財務諸表の数値}{単体（親会社）の財務諸表の数値}$$

2）適切である。なお、株式引受権も2021年より追加されている（連結財務諸
　　表規則42条）。
3）不適切である。連結対象である子会社が利益を計上しているとき、連結損
　　益計算書の非支配株主に帰属する当期純利益（損失）の科目には、非支配
　　株主に帰属する利益が利益の控除項目（借方）として計上される。なお、
　　「非支配株主に帰属する当期純利益（損失）」とは、子会社が完全子会社等
　　（親会社が株式または持分のすべてを有する子会社）でない場合の、連結
　　決算における親会社に帰属しない当期純利益（損失）をさす。そのため、
　　非支配株主に帰属する当期純利益は、利益から控除することとなる。
4）適切である。連結決算処理において内部取引等の相殺消去を行う場合があ

り、その際には売上高連単倍率が相対的に低くなることがある。なお、売上高連単倍率とは、連結売上高が単体（親会社）売上高の何倍の規模かを表す指標である。

$$売上高連単倍率（倍）= \frac{連結売上高}{単体（親会社）売上高}$$

<u>正解　3）</u>

1−18　連結財務諸表（Ⅲ）

《問》連結財務諸表の内容に関する次の記述のうち、最も適切なものはどれか。
1）のれんは、一般的には資産として計上されず、一時に費用として計上される。
2）非支配株主に帰属する当期純利益（損失）は、連結損益計算書の当期純利益（損失）に含まれないため、親会社株主に帰属する当期純利益（損失）を計算するにあたり、非支配株主に帰属する当期純利益を考慮する必要はない。
3）連結株主資本等変動計算書は、連結貸借対照表の「総資産」の増減を表示する。
4）非支配株主持分は、連結貸借対照表の純資産の部の末尾に表示される。

・解説と解答・

1）不適切である。のれんは、一般に、貸借対照表の資産の部に無形固定資産として表示される（財務諸表等規則27条、28条、連結財務諸表規則28条）。
2）不適切である。連結の際に親子会社の損益計算書をすべて合算するため、連結損益計算書の当期純利益は非支配株主に帰属する当期純利益も含んだ数字となっている。したがって、親会社株主に帰属する当期純利益を計算する際は、非支配株主に帰属する利益を取り除く作業を行う必要がある（「連結財務諸表に関する会計基準」39(3)③）。なお、2015年4月1日以後開始する連結会計年度から、「少数株主利益」は「非支配株主に帰属する当期純利益」に変更された。
3）不適切である。連結株主資本等変動計算書は、連結貸借対照表の「純資産」の増減を表す。純資産とは、連結上の資産と負債の差額をいい、連結株主資本等変動計算書は主として、当期純利益金額等による純資産の増加と、剰余金の配当等による純資産減少を表示することで、当期末純資産残高を表示する。連結株主資本等変動計算書には、その他の包括利益累計額や株式引受権などの増減も含まれる。（「株主資本等変動計算書に関する会計基準」1）。
4）適切である。非支配株主持分とは、連結子会社の資本のうち、親会社以外

の株主に帰属する部分であり、連結貸借対照表の純資産の部の末尾に表示される。自己資本比率を算定するときには、外部株主として自己資本に含めないことに注意する必要がある（連結財務諸表規則2条12号、会社計算規則76条1項2号）。

正解　4）

1−19　連結貸借対照表（Ⅰ）

《問》M社は、S社の発行済株式総数の75％を225百万円で取得してS社を子会社とした。子会社化した直後のM社およびS社の個別貸借対照表は〈資料〉のとおりである。このとき、連結貸借対照表の純資産の金額として、次のうち最も適切なものはどれか。なお、評価差額に対する税金の影響は考慮しないものとし、M社とS社との間には、資金の貸借、その他資産の賃貸借や売買等の取引は存在しないものとする。

〈資料〉

M社個別貸借対照表　　　　　　　　　　　（単位：百万円）

諸　資　産	1,000	負　　　債	625
S　社　株　式	225	純　資　産	600
資　産　計	1,225	負債・純資産計	1,225

S社個別貸借対照表　　　　　　　　　　　（単位：百万円）

諸　資　産	490	負　　　債	250
		純　資　産	240
資　産　計	490	負債・純資産計	490

※S社の資産総額の時価は550百万円（簿価と比べて60百万円の含み益）である。

※S社の負債総額の時価は簿価と一致している。

※M社が所有しているS社株式（225百万円）は、{S社純資産（240百万円）＋S社の含み益（60百万円）}×M社のS社への出資比率（75％）と一致している。

1）630百万円
2）645百万円
3）660百万円
4）675百万円

・解説と解答・

　連結貸借対照表は、親会社および子会社の個別貸借対照表における資産、負債および純資産の金額を基礎とし、子会社の資産および負債の評価、連結会社相互間の投資と資本および債権と債務の相殺消去等の処理を行って作成する。本問では、子会社の資産および負債の評価方法が回答のポイントとなる。

　連結貸借対照表の作成にあたっては、支配獲得日において、子会社の資産および負債のすべてをその日の時価により評価する方法（全面時価評価法）を採用している。また、子会社の資産および負債の時価による評価額と簿価との差額（評価差額）は、子会社の資本とする（「連結財務諸表に関する会計基準」18、20、21）。

連結貸借対照表の純資産＝M社の純資産＋（S社の純資産＋S社の含み益）
　　　　　　　　　　　　　×（1－M社のS社への出資比率）
　　　　　　　　　　　＝600百万円＋（240百万円＋60百万円）×（1－75％）
　　　　　　　　　　　＝675百万円

　または、M社とS社の諸資産の合計からM社とS社の負債の合計を差し引いて求める。

∴連結貸借対照表の純資産＝M社の諸資産＋S社の諸資産（時価）
　　　　　　　　　　　　　－M社の負債－S社の負債（時価）
　　　　　　　　　　　＝1,000百万円＋550百万円－625百万円－250百万円
　　　　　　　　　　　＝675百万円

<u>正解　4）</u>

1 −20　連結貸借対照表（Ⅱ）

《問》連結貸借対照表の作成手続の1つとして、連結会社相互間の取引に
おいて発生した未実現利益の相殺消去がある。ある子会社の個別貸
借対照表に、すべて親会社から仕入れたたな卸資産12百万円が計上
されている。親会社が子会社に対して、この棚卸資産を原価の20%
の利益を加えて販売していた場合、連結貸借対照表作成に際して相
殺消去すべき未実現利益の金額として、次のうち最も適切なものは
どれか。
1）　2.0百万円
2）　2.4百万円
3）　9.6百万円
4）10.0百万円

・解説と解答・

　親会社が子会社に販売した商品等が、子会社の貸借対照表に棚卸資産として
計上されているということは、連結会社内に商品等が販売されずに残っている
ことを意味するため、連結貸借対照表の作成にあたって未実現利益を相殺消去
する必要がある（「連結財務諸表に関する会計基準」34〜38）。

　親会社が子会社に対して、原価の20%の利益を加えて販売していることか
ら、相殺消去すべき未実現利益の金額は、
　12百万円 − 12百万円 ÷（1 ＋20%）＝2.0百万円

正解　1）

1-21 株主資本等変動計算書

《問》株主資本等変動計算書の役割に関する次の記述のうち、最も不適切
なものはどれか。
1）株主資本等変動計算書は、貸借対照表の純資産の部の1会計期間に
おける変動額および変動事由を報告するために作成される。
2）株主資本等変動計算書は利益処分案（損失処理案）の代わりにはな
らないため、計算書類等の1つとして利益処分案（損失処理案）を
作成する必要がある。
3）株主資本等変動計算書の表示区分は、貸借対照表の純資産の部の表
示区分と同じである。
4）損益計算書の末尾は当期純利益であり、前期からの繰越利益等の項
目は、株主資本等変動計算書の当期首残高の欄に記載される。

・解説と解答・

1）適切である。株主資本等変動計算書は、貸借対照表の純資産の部の1会計
期間における変動額のうち、主として株主（連結上は親会社株主）に帰属
する部分である株主資本の各項目の変動事由を報告するものである（「株
主資本等変動計算書に関する会計基準」1）。

2）不適切である。会社法の施行（2006年5月）により、計算書類の1つとし
ての利益処分案（損失処理案）は廃止され、新設された株主資本等変動計
算書に貸借対照表の純資産の部の変動額および変動事由を記録することと
なった。

3）適切である。「株主資本等変動計算書に関する会計基準」において、株主
資本等変動計算書の表示区分は、「貸借対照表の純資産の部の表示に関す
る会計基準」に定める貸借対照表の純資産の部の表示区分に従うとされて
いる（「株主資本等変動計算書に関する会計基準」4）。

4）適切である。会社法施行前までは、当期未処分利益（または当期未処理損
失）は、損益計算書の末尾において当期純利益（または当期純損失）に前
期繰越利益（または前期繰越損失）等を加減して計算されてきた。会社法
施行後、株主資本等変動計算書を作成したときから、損益計算書の末尾は
当期純利益（または当期純損失）とされた（「株主資本等変動計算書に関
する会計基準」28）。

正解 2）

第2章

会計制度

2−1　会社法会計・金融商品取引法会計

《問》会社法および金融商品取引法における会計に関する次の記述のうち、最も適切なものはどれか。なお、連結会計は考慮しないものとする。
1）会社法における会計では、株式会社は、貸借対照表、損益計算書、キャッシュ・フロー計算書および株主資本等変動計算書の4つの計算書類の作成が義務付けられている。
2）会社法における会計では、貸借対照表や損益計算書等の計算書類を表示するルールである会計表示基準として、財務諸表等規則が設けられている。
3）金融商品取引法における会計では、利益の本質は株主に配当してもよい利益である必要があるため、計算される利益は配当可能利益でなければならない。
4）金融商品取引法における会計では、貸借対照表や損益計算書等の財務諸表を表示するルール（会計表示基準）は、財務諸表等規則により定められている。

・解説と解答・

　会社法における会計では、貸借対照表や損益計算書等の計算書類を表示する基準（会計表示基準）は、会社計算規則に定められている。また、各種の会計処理規定（会計処理基準）は、会社法および会社計算規則により定められている。会社法における会計の目的は、株主に配当できる利益の上限を定め、債権者の保護を図ることであり、利益は株主に配当してもよい利益（配当可能利益）を表す。
　一方、金融商品取引法における会計では、貸借対照表や損益計算書等の財務諸表を表示するルール（会計表示基準）は、財務諸表等規則により定められている。金融商品取引法における会計の目的は、投資家の保護を図ることであり、利益の本質は、投資家の意思決定に役立つための利益、すなわち適正な期間損益である。
1）不適切である。会社法における会計では、株式会社が作成を義務付けられているのは、貸借対照表、損益計算書、株主資本等変動計算書、個別注記表、事業報告および附属明細書の6つである。

2）不適切である。会社法における会計では、会社法および会社計算規則において、会計処理基準となる各種の会計処理規定に関する条文が設けられている。

3）不適切である。金融商品取引法における会計の目的は、投資家の保護を図ることであり、利益の本質は、投資家の意思決定に役立つための利益、すなわち適正な期間損益である。なお、会社法における会計の目的は、株主に配当できる利益の上限を定め、債権者の保護を図ることであり、利益は株主に配当してもよい利益（配当可能利益）を意味する。

4）適切である。

〈会社法における会計と金融商品取引法における会計〉

	会社法会計	金融商品取引法会計
表示基準	会社計算規則	財務諸表等規則
目的	債権者の保護	投資家の保護
適用対象	すべての株式会社および持分会社（会社計算規則4条、会社法432条、615条）	規模の大きい会社 ・5億円以上の株式・社債の募集または売出を行った会社 ・金融商品取引所に上場している会社 ・店頭販売の登録銘柄株式の発行会社 ・株主数が1,000人以上の会社 （金融商品取引法24条1項、同法施行令3条の6）
財務諸表の種類	〈計算書類等〉 ・貸借対照表 ・損益計算書 ・株主資本等変動計算書 ・個別注記表 ・事業報告 ・附属明細書 （会社法435条、会社計算規則59条1項）	〈財務諸表等〉 ・貸借対照表 ・損益計算書 ・株主資本等変動計算書 ・キャッシュ・フロー計算書 ・附属明細表 （財務諸表等規則1条）

正解　4）

2 − 2 金融商品取引法会計

> 《問》金融商品取引法適用会社の会計基準に関する次の記述のうち、最も
> 不適切なものはどれか。
>
> 1) 現在のわが国の企業結合・事業分離等の会計基準においては、国際
> 会計基準で認められていない持分プーリング法が認められている。
> 2) 退職給付会計における退職給付債務とは、従業員が退職時に受ける
> 退職給付見込額のうち、当期末までの勤務期間に対応する部分の金
> 額の現在価値である。
> 3) 研究開発費については、原則として発生時の費用処理しか認められ
> ていない。
> 4) 減損会計とは、資産または資産グループの収益性の低下により投資
> 額の回収が見込めなくなった場合、一定の条件のもとで回収可能性
> を反映させるべく帳簿価額を減額する会計処理である。

・解説と解答・

1) 不適切である。企業結合・事業分離等の会計基準は、2007年 3 月期から導
入されている。かつてのわが国の会計基準では、国際会計基準やアメリカ
の会計基準では認められていない持分プーリング法が認められていたが、
現在ではパーチェス法へ一本化されている（「企業結合に関する会計基準」
17、「事業分離等に関する会計基準」17）。なお、持分プーリング法とは、
すべての被結合企業のすべての資産、負債および資本について適正な帳簿
価額を引き継ぐ会計処理方法をいう。また、パーチェス法とは、被結合企
業のすべての資産負債を時価で評価し、差額をのれんとして計上する会計
処理方法をいう（中小企業庁「企業結合会計基準の概要（平成16年11
月）」)。

2) 適切である。退職給付債務とは、退職給付のうち、認識時点（本肢の場合
当期末）までに発生していると認められる部分を割り引いた現在価値のこ
とをいう（「退職給付に関する会計基準」 6 ）。

3) 適切である。なお、費用として処理する方法には、一般管理費として処理
する方法と当期製造費用として処理する方法がある（「研究開発費等に係
る会計基準」三、注 2 ）。

4) 適切である。減損会計とは、「固定資産の減損に係る会計基準」のことで

あり、過去の投資の失敗を損失として認識する会計基準といえる。減損会計は、まず、資産または資産グループについて減損の兆候が生じているかどうかを判定し、減損の兆候が相当程度認められる場合には減損損失を認識する。減損損失を認識すべきと判定された資産または資産グループについては、帳簿価額を回収可能価額まで減額し、当該減少額を減損損失とし、当期の損失として処理することとなる（「固定資産の減損に係る会計基準」一、二）。

<u>正解　1）</u>

2－3　会社法会計

> 《問》会社法における利益剰余金処分に関する次の記述のうち、最も適切なものはどれか。
> 1）株式会社は、原則として稼得した利益の一部を配当金として分配できるが、会社財産の過剰な流出を防止する観点から、会社法では分配可能額に限度額を設けるとともに、分配時期を本決算時および中間決算時の年2回までに制限している。
> 2）任意積立金は、定款の規定もしくは株主総会の決議によって積み立てられる内部留保であるため、減債積立金や配当平均積立金などのように、必ず使途を特定しなければならない。
> 3）株式会社が剰余金の配当をする場合は、配当により減少する当該剰余金の額の10分の1の金額を利益準備金または資本準備金として、その合計額が資本金の額の3分の1に達するまで積み立てなければならない。
> 4）目的積立金は、設定目的である特定の支出あるいは損失が生じた時点において、取締役会の決議により取り崩すことができ、当該取崩しの結果は株主資本等変動計算書に記載される。

・解説と解答・

1）不適切である。会社法では、会社財産の過剰な流出を防止する観点から分配可能額に限度額を設けているが、分配時期や回数は制限していない（会社法454条1項～4項）。なお、旧商法時代は、年1回決算の会社であれば、年1回の利益処分としての配当、および1営業年度に1回に限り金銭の分配としての中間配当が認められており、本決算時および中間決算時の年2回の配当に制限されていた。しかし、会社法の施行により、剰余金の配当についての回数制限が撤廃され、株式会社は、いつでも、何回でも配当を行うことができるようになった（同法454条1項～4項）。ただし、中間配当についての規定は、現在も会社法に残されており、中間配当としての配当は1事業年度に1回に制限されている（同法454条5項）。

2）不適切である。任意積立金とは、定款の規定もしくは株主総会の決議によって設定された内部留保をいい、減債積立金や配当平均積立金などのように使途を特定した目的積立金と、使途を特定していない別途積立金とがあ

　　る。
3）不適切である。会社法では、金銭による配当等によるその他利益剰余金ま
　　たはその他資本剰余金の減少額の10分の1の金額を、利益準備金と資本準
　　備金の合計額が資本金の額の4分の1に達するまで積み立てることが要求
　　される（会社法445条4項、会社計算規則22条）。
4）適切である（会社法452条、会社計算規則153条2項）。

<u>正解　4）</u>

2－4 損益計算書における費用・収益の認識基準（Ⅰ）

《問》損益計算書における収益・費用の認識基準に関する次の記述のうち、最も適切なものはどれか。
1) 売上値引、売上割戻、売上割引は、売上の控除項目として総売上高から減算される。
2) 売上債権に関して発生した貸倒損失は、原則として特別損失に計上される。
3) 当期製品製造原価は、当期総製造費用に期首の仕掛品たな卸高を加算し、期末の仕掛品たな卸高を減算して算出される。
4) 一時所有（売買目的）の有価証券および投資有価証券（固定資産）の売却益は、いずれも営業外収益にのみ計上される。

・解説と解答・

1) 不適切である。品質不良等による代金減免額を売上値引、多額取引等による代金減免額を売上割戻、代金回収が当初の約定より早められた場合の金融費用（割引額）を売上割引という。このうち、売上値引と売上割戻は、総売上高から控除して、（純）売上高として表示されるが、売上割引は金融費用として営業外費用に計上される。
2) 不適切である。売上債権に関して発生した貸倒損失は、販売および回収という主たる営業活動により発生した費用であるので、販売費及び一般管理費の区分に表示される。
3) 適切である。製造原価報告書は、原価の内訳を明らかにし、当期の完成品原価の内容を示す計算書である。会社法において、その作成は義務付けられてはいないが、製造業においては原価の内訳を知る資料として重視されている。なお、製造原価報告書は、次のような構成となっている。

〈製造原価報告書〉

科　目

I　当期材料費
II　当期労務費
III　当期経費
　　当期総製造費用
（＋）期首仕掛品たな卸高
（－）期末仕掛品たな卸高
　　当期製品製造原価

4）不適切である。有価証券売却損益に関しては、一時所有（売買目的）の有価証券売却損益は営業外損益として処理される。しかし、投資有価証券の売却損益は、投資有価証券が固定資産であることから、原則として、特別損益で処理される（会社計算規則88条2項、3項、財務諸表等規則90条、93条、95条の2、95条の3）。

<u>正解　3）</u>

2－5　損益計算書における費用・収益の認識基準（Ⅱ）

《問》損益計算書における費用・収益の認識基準に関する次の記述のうち、最も適切なものはどれか。

1）「認識」とは、一会計期間に属する期間損益の計算において、収益や費用のなかから、当該会計期間に属するものを明らかにすることをいう。

2）費用は、原則として「実現主義の原則」によって認識され、収益は、原則として「発生主義の原則」によって認識される。

3）収益は、「財貨または用役の提供」、「代金またはその請求権の取得」という2つの要件のうち、少なくとも一方が充足された場合に認識される。

4）損益計算書において期間損益計算を行う場合に適用される最上位原則は、「重要性の原則」である。

・解説と解答・

1）適切である。

2）不適切である。費用は、原則として「発生主義の原則」によって認識され、収益は、原則として「実現主義の原則」によって認識される。発生主義の原則に基づけば、発生の事実があれば代金未払いであっても費用を計上する必要がある。一方、実現主義の原則に基づく収益は、「財貨・用役の提供」および「代金またはその請求権の取得」という2つの要件がともに充足された場合に認識される。通常、「販売」という行為がこの2つの要件を充足するため、実現主義の原則は販売基準として適用されている（「中小企業の会計に関する指針（2021年8月3日改正）」74、75）。

3）不適切である。解説2）を参照。収益は、「財貨・用役の提供」および「代金またはその請求権の取得」という2つの要件がともに充足された場合に認識される。なお、工事契約については、工事の進行途上においても、その進捗部分について成果の確実性が認められる場合には工事進行基準を適用し、この要件を満たさない場合には工事完成基準を適用する（「中小企業の会計に関する指針（2021年8月3日改正）」74）。

4）不適切である。損益計算書において期間損益計算を行う場合に適用される最上位原則は、「費用収益対応の原則」である。このため、「発生主義の原

則」に基づいて認識された発生費用のなかから「実現主義の原則」に基づ
いて認識された期間収益に対応する期間費用を選び出し、期間収益から期
間費用を控除して、期間損益を算出する必要がある。

正解　1)

■収益・費用認識の流れ

・まず、原則として実現主義により期間収益を確定する。

・次に、発生主義により認識された発生費用のなかから、実現収益に対応する
　ものを選定し、期間費用として期間収益から控除し、利益を算出する。

・実現収益と対応関係のない発生費用は資産として次期へ繰り越される。たと
　えば、当期の費用でない前払費用は、当期の損益計算書から除去し、経過勘
　定項目として貸借対照表の資産の部へ計上する（「中小企業の会計に関する
　指針（2021年 8 月 3 日改正）」31、74）。

2－6　企業会計原則

《問》企業会計原則に関する次の記述のうち、最も適切なものはどれか。
1）「資本取引・損益取引区分の原則」とは、「元手」と「もうけ」の区分を求める原則であり、資本取引と損益取引とを明確に区別し、特に資本剰余金と利益剰余金とを混同しないことが要求される。
2）「正規の簿記の原則」とは、企業会計におけるすべての取引について、正規の簿記の原則に従って、正確な会計帳簿を作成しなければならないとする原則であり、重要性の高い項目、乏しい項目のいずれについても、厳密な会計処理や明瞭な表示を行うことが要求される。
3）「真実性の原則」とは、企業の財政状態や経営成績に関して真実な報告の提供を求める原則であり、当該原則が要請している真実な利益は、絶対的真実であるため1つしか存在しない。
4）「明瞭性の原則」とは、会計処理の原則および手続を毎期継続して適用し、みだりに変更してはならないとする原則であり、経営者の利益操作を排除し、財務諸表の期間比較を可能にするために必要とされている。

・解説と解答・

1）適切である。
2）不適切である。企業会計原則のうちの会計処理面の原則（正規の簿記の原則）および表示面の原則（明瞭性の原則）については、「重要性の原則」が適用される。重要性の高い項目については、厳密な会計処理や明瞭な表示が求められる一方、重要性の乏しい項目については、簡便な処理や表示が容認されている。
3）不適切である。「真実性の原則」とは、企業の財政状態や経営成績に関して真実な報告の提供を求める原則である。当該原則が要請している真実は相対的真実であり、真実な利益は複数あり、そのいずれも妥当な利益として扱うことが認められている。
4）不適切である。本肢は、「継続性の原則」についての記述である。「明瞭性の原則」とは、表示面の原則であり、財務諸表によって利害関係者に対して必要な会計事実を明瞭に表示し、企業の状況に関する判断を誤らせないようにしなければならないとする原則である。

〈企業会計原則・一般原則〉

真実性の原則	企業会計は、企業の財政状態及び経営成績に関して、真実な報告を提供するものでなければならない。
正規の簿記の原則（注解 1 ）	企業会計は、すべての取引につき、正規の簿記の原則に従って、正確な会計帳簿を作成しなければならない。
資本取引・損益取引区分の原則	資本取引と損益取引とを明瞭に区別し、特に資本剰余金と利益剰余金とを混同してはならない。
明瞭性の原則（注解 1 ）	企業会計は、財務諸表によって、利害関係者に対し必要な会計事実を明瞭に表示し、企業の状況に関する判断を誤らせないようにしなければならない。
継続性の原則	企業会計は、その処理の原則及び手続を毎期継続して適用し、みだりにこれを変更してはならない。
保守主義の原則	企業の財政に不利な影響を及ぼす可能性がある場合には、これに備えて適当に健全な会計処理をしなければならない。
単一性の原則	株主総会提出のため、信用目的のため、租税目的のため等種々の目的のために異なる形式の財務諸表を作成する必要がある場合、それらの内容は、信頼しうる会計記録に基づいて作成されたものであって、政策の考慮のために事実の真実な表示をゆがめてはならない。

【注解 1 　重要性の原則】
・企業会計は、定められた会計処理の方法に従って正確な計算を行うべきものであるが、企業会計が目的とするところは、企業の財務内容を明らかにし、企業の状況に関する利害関係者の判断を誤らせないようにすることにあるから、重要性の乏しいものについては、本来の厳密な会計処理によらないで他の簡便な方法によることも正規の簿記の原則に従った処理として認められる。
・重要性の原則は、財務諸表の表示に関しても適用される。

<u>正解　1 ）</u>

2-7 企業会計と税務会計

《問》企業会計上の当期純利益と税務上の課税所得との違いに関する次の
記述のうち、最も適切なものはどれか。
1) 企業会計上の当期純利益と税務上の課税所得との調整を法人税申告
書上で行うときは、「別表五」に加算項目や減算項目を記入するこ
とで、収益と益金の違いや費用と損金の違いを調整することにな
る。
2) 2つ以上の会計処理の手続の選択が認められているとき、法人が決
算でその1つを選択したときであっても、収益と益金の違いや費用
と損金の違いを調整する申告調整において、ほかの手続に変更する
ことは可能である。
3) 企業会計上の当期純利益を税務上の課税所得に調整するには、「当
期純利益＋（益金不算入項目＋損金算入項目）－（益金算入項目＋損
金不算入項目）」の計算を行うことで、課税所得に変換することが
できる。
4) 収益と益金の違いや費用と損金の違いを調整する申告調整におい
て、受取配当金等の益金不算入や資産譲渡の場合の特別控除額の損
金算入などの事項は、申告書で調整しなければ認められない項目で
ある。

・解説と解答・

1) 不適切である。企業会計上の当期純利益と税務上の課税所得との調整を法
人税申告書上で行うときは、「別表四」に加算項目や減算項目を記入する
ことで、収益と益金の違いや費用と損金の違いを調整することになる。こ
れを申告調整という。
2) 不適切である。2つ以上の会計処理の手続の選択が認められているとき、
法人が決算でその1つを選択したときは、収益と益金の違いや費用と損金
の違いを調整する申告調整において、ほかの手続に変更することはできな
い。ただし、例えば、棚卸資産の評価方法として先入先出法を採用してい
るが、税務署への届出を行っていない場合は、税務上は法定評価方法であ
る最終仕入原価法で計算を行うため、結果的に会計と税務で異なる手続を
行わなければならない場合が生じる。

3）不適切である。企業会計上の当期純利益を税務上の課税所得に調整するには、「当期純利益＋（益金算入項目＋損金不算入項目）−（益金不算入項目＋損金算入項目）」の計算を行うことで、課税所得に変換することができる。
4）適切である。受取配当金等の益金不算入（法人税法23条）や資産譲渡の場合の特別控除額の損金算入（租税特別措置法64条等）などの事項は、「申告調整」において調整しなければならない。

■主な申告調整項目

区分	具体例
必須申告調整事項（必ず申告書で調整しなければならない事項）	・過大役員報酬、役員賞与、過大役員退職金の損金不算入（法人税法34条） ・交際費の限度超過額の損金不算入（租税特別措置法61条の4） ・寄附金の限度超過額の損金不算入（法人税法37条） ・法人税、法人住民税の損金不算入（法人税法38条） ・減価償却の償却限度超過額の損金不算入（法人税法31条） ・各種引当金の繰入限度超過額の損金不算入（法人税法52条） ・法人税額から控除される所得税額の損金不算入（法人税法40条）　等
任意申告調整事項（申告書で調整しなければ認められない事項）	・受取配当等の益金不算入（法人税法23条） ・資産譲渡の場合の特別控除額の損金算入（租税特別措置法64条等）　等

正解　4）

2−8 税額計算と申告・納付

《問》税額計算と申告・納付に関する次の記述のうち、最も不適切なもの
はどれか。
1) 利子を受け取る際、15.315％の所得税・復興特別所得税の源泉徴収
が行われているため、法人が利子の受取者である場合は、この源泉
所得税を算出法人税から控除することができる。
2) 法人税法上の同族会社の範囲は、法人の株主等をその同族関係者を
含めたグループに分類し、その同族関係者を含めた大株主グループ
を所有割合の高いほうから順に3グループ選び、その所有割合の合
計がその会社の発行済株式総数等の50％以上となる場合である。
3) 法人は、各事業年度終了日の翌日から2カ月以内に、確定した決算
に基づいて所得金額または欠損金額および所得に関する法人税等を
記載した確定申告書を提出しなければならない。
4) 会計監査人の監査等により決算が確定しない場合は、確定申告書提
出の期限を3カ月延期することができる。

・解説と解答・

1) 適切である(法人税法68条)。なお、源泉所得税を損金算入することもで
きるが、その場合は税額控除をすることはできない。
2) 適切である(法人税法2条10号)。
3) 適切である(法人税法74条)。
4) 不適切である。会計監査人の監査等により決算が確定しない場合は、確定
申告書提出の期限を1カ月延期することができる(法人税法75条の2)。

正解 4)

2-9 原価計算

《問》原価計算の考え方に関する次の記述のうち、最も適切なものはどれ
か。
1）原価計算の結果について、企業外部の利害関係者に報告することを
目的として作成されるものを、当期総製造費用報告書という。
2）原価計算には、種類や規格の異なる受注型の製品を計算対象とする
総合原価計算と、標準化された市場見込生産型の製品を計算対象と
する個別原価計算とがある。
3）当期総製造費用は、当期に発生した材料費、労務費および経費の合
計額に期首および期末の仕掛品棚卸高を加算・減算して計算する。
4）製造業において、「材料」は外部から仕入れた時点では資産である
が、生産に供することで「材料費」という費用として計上される。

解説と解答

1）不適切である。原価計算の結果について、企業外部の利害関係者に報告す
ることを目的として作成されるものを、製造原価報告書（あるいは製造原
価明細書）という。なお、建設業の場合は製造原価報告書ではなく、「完
成工事原価報告書」を作成する。
2）不適切である。原価計算には、種類・規格の異なる受注型の製品を計算対
象とする個別原価計算と、標準化された市場見込生産型の製品を計算対象
とする総合原価計算とがある。
3）不適切である。当期総製造費用は、当期に発生した材料費、労務費および
経費の合計額であり、当期総製造費用に期首および期末の仕掛品棚卸高を
加減して計算するのは、当期製品製造原価である。
4）適切である。製造業における「材料」は、外部から仕入れた時点では資産
であるが、生産に供すると「材料費」となり費用として計上される。

正解 4）

2 −10　損益分岐点分析と原価計算

《問》損益分岐点分析と原価計算に関する次の記述のうち、最も不適切な
　　　ものはどれか。
　1）損益分岐点分析と直接原価計算は、どちらも変動費と固定費という
　　　企業の費用構造に着目する手法である。
　2）外注加工費は、変動費である。
　3）限界利益とは、売上高から固定費を控除した差額である。
　4）原価要素を固定費と変動費に分解する方法として最も利用されるの
　　　は、勘定科目法である。

・解説と解答・

1）適切である。原価計算には、「全部原価計算」と「直接原価計算（部分原
　　価計算）」がある。全部原価計算とは、計算過程で費用を変動費と固定費
　　に分類することなく、製造原価をすべて製品原価として集計する原価計算
　　方法である。一方、直接原価計算とは、製造原価を変動費と固定費に分類
　　し、変動費のみを製品原価として集計する原価計算方法である。直接原価
　　計算は、製造原価を変動費と固定費に分類して計算する点で、損益分岐点
　　分析と類似しているといえる。
2）適切である。外注加工費は、生産量や販売量などの企業の操業度合いによ
　　り増減する費用であり、変動費とされる。
3）不適切である。限界利益は、売上高から変動費を控除した金額のことであ
　　り、企業経営上きわめて重要な概念とされる。なお、変動費が売上高に比
　　例するとすれば、限界利益も売上高に比例することとなる。
限界利益＝売上高 − 変動費
4）適切である。なお、勘定科目法は、個別費用法ともいい、各勘定科目を固
　　定費と変動費にそれぞれ振り分ける方法であり、実務上最もよく用いられ
　　る方法である。
　　固定費＝製品製造原価中の固定費＋販売費及び一般管理費中の固定費
　　変動費＝製品製造原価中の変動費＋商品の売上原価
　　　　　　＋販売費及び一般管理費の変動費

正解　3）

2－11　製造原価（Ⅰ）

《問》製造原価報告書に関する次の記述のうち、最も不適切なものはどれか。

1) 製造原価報告書とは、製造に関する原価の内訳を明らかにするとともに、当期の完成品原価の内容を示した計算書のことをいう。
2) 製造原価報告書では、当期総製造費用から期首仕掛品棚卸高を控除し、期末仕掛品棚卸高を加算することで当期製品製造原価を計算する。
3) 製造業において、外部から仕入れた材料は、そのまま保管している段階では「資産」として取り扱われるが、生産に投入された段階で「費用」として計上される。
4) 製造業では、当期の製造に伴って発生した材料費、労務費および経費を合計した費用のことを、当期総製造費用という。

・解説と解答・

1) 適切である。財務諸表等規則では、当期製品製造原価については、その内訳を記載した明細書（製造原価報告書）を損益計算書に添付することとされている（財務諸表等規則75条2項）。
2) 不適切である。製造原価報告書では、当期総製造費用に期首仕掛品たな卸高を加算し、期末仕掛品棚卸高を控除することで、当期製品製造原価を計算している。なお、当期総製造費用とは「材料費＋労務費＋経費」をさす。〈参考〉製造原価報告書の例を参照。
3) 適切である。
4) 適切である。解説2) を参照。

正解　2)

〈参考〉製造原価報告書の例　　　　　　（単位：円）

科目	金額
Ⅰ　当期材料費	1,200,000
Ⅱ　当期労務費	400,000
Ⅲ　当期経費	600,000
当期総製造費用	2,200,000
期首仕掛品棚卸高	（＋）300,000
合計	2,500,000
期末仕掛品棚卸高	（－）250,000
当期製品製造原価	2,250,000

2 - 12　製造原価（Ⅱ）

《問》下記の〈資料〉から算出される当期製品製造原価として、次のうち
最も適切なものはどれか。

〈資料〉　　　　　　　　　　　　　　　　　　　　　　　（単位：千円）

期首製品棚卸高	36,731	期首材料棚卸高	142,167
期末製品棚卸高	48,160	期末材料棚卸高	133,243
期首仕掛品棚卸高	16,107	期末仕掛品棚卸高	49,574
当期材料仕入高	900,047		
外注加工賃	139,007	（この他に未払いのもの　36,052）	
工場家賃	1,200		
製造関係者分　賃金		180,252	
諸手当・福利費		21,047	
退職給付費用		250	
電力費（工場分）	8,083	販売関係者の給料・手当合計	55,289
水道光熱費（工場分）	1,051	修繕費（工場建物・機械分）	1,857
減価償却費（工場分）	27,954	保険料（工場機械設備）	3,788

1）1,296,045千円

2）1,329,512千円

3）1,566,396千円

4）1,599,863千円

・解説と解答・

製造原価報告書を作成すると、次のようになる。

〈製造原価報告書〉　　　　　　　　　　　　　　　　　　　（単位：千円）

Ⅰ材料費
1. 期首材料棚卸高　　142,167
2. 当期材料仕入高　　900,047
　　合　　　計　　1,042,214
3. 期末材料棚卸高　　133,243
　　当期材料費　　　908,971

Ⅱ労務費
1. 賃金　　　　　　180,252
2. 諸手当・福利費　　21,047
3. 退職給付費用　　　　250
　　当期労務費　　　201,549

Ⅲ経費
1. 外注加工賃　　　175,059
2. 家　　賃　　　　　1,200
3. 電　力　費　　　　8,083
4. 水道光熱費　　　　1,051
5. 減価償却費　　　27,954
6. 修　繕　費　　　　1,857
7. 保　険　料　　　　3,788
　　当期経費　　　218,992

当期総製造費用（Ⅰ＋Ⅱ＋Ⅲ）　　1,329,512
期首仕掛品棚卸高　　　　　　　　　16,107
合　　　計　　　　　　　　　　1,345,619
期末仕掛品棚卸高　　　　　　　　　49,574
当期製品製造原価　　　　　　　　1,296,045

<u>正解　1）</u>

2-13　固定資産の減価償却

《問》固定資産の減価償却に関する次の記述のうち、最も適切なものはどれか。
1）級数法とは、償却対象資産の耐用期間中について、毎期首未償却残高に一定利率を乗じた減価償却費を計上する方法であり、初期に多額の減価償却費が計上されて次第に減少することから、定率法の簡便法と位置付けられる。
2）定額法とは、償却対象資産の耐用期間中について、毎期均等額の減価償却費を計上する方法であり、2016年4月1日以後に取得した建物付属設備および構築物が償却対象であるときは、定額法によって処理を行わなければならない。
3）生産高比例法とは、同種の物品が多数集まって1つの全体を構成し、老朽品の部分的取替えを繰り返すことにより全体が維持されるような固定資産について、部分的取替えに要する費用を収益的支出として処理する方法である。
4）取替法とは、償却対象資産の耐用期間中について、毎期当該資産による生産または用役の提供の度合いに比例した減価償却費を計上する方法であり、鉱業用設備や航空機等に対して適用することが認められている。

・解説と解答・

　固定資産については、その取得価額を所定の償却方法に従って当該資産の使用期間に割り当てて、価値の減少分をその期の費用とする減価償却を行う。土地、建設仮勘定等以外の固定資産は、時の経過または使用に伴ってその価値が減少していくため、会社法会計においては、減価償却によって取得原価をその耐用期間の費用として配分しなければならない（会社計算規則79条、財務諸表等規則25条）。また、法人税法においても法定耐用年数と所定の償却方法による減価償却費の損金算入を容認しており（法人税法31条）、実務上は法人税法の規定に基づいて減価償却が行われている。

　なお、減価償却の方法を変更する場合は、納税地の所轄税務署長の承認を受ける必要がある（同法施行令52条）。

1）不適切である。級数法とは、償却対象資産の耐用期間中、毎期一定の額を

算術級数的に逓減した減価償却費を計上する方法であり、初期に多額の減価償却費が計上されて次第に減少することから、定率法の簡便法と位置づけられる（企業会計原則 注解20）。

2）適切である（法人税法31条、同法施行令48条の2第1項1号ロ）。

3）不適切である。本肢は、取替法についての記述である。生産高比例法とは、償却対象資産の耐用期間中について、毎期当該資産による生産または用役の提供の度合いに比例した減価償却費を計上する方法であり、鉱業用設備や航空機等に対して適用することが認められている（法人税法施行令48条の2、企業会計原則 注解20）。

4）不適切である。本肢は、生産高比例法についての記述である。取替法とは、同種の物品が多数集まって1つの全体を構成し、老朽品の部分的取替えを繰り返すことにより全体が維持されるような固定資産について、部分的取替えに要する費用を収益的支出として処理する方法である（企業会計原則 注解20）。

正解 2）

2－14　税効果会計（Ⅰ）

《問》税効果会計に関する次の記述のうち、最も不適切なものはどれか。
1）減価償却費の償却限度超過額は、将来加算一時差異として税効果会計の適用対象となる。
2）交際費の損金不算入額は、永久差異に該当するため、税効果会計の適用対象とはならない。
3）租税特別措置法に基づく準備金の積立金は、将来加算一時差異として税効果会計の適用対象となる。
4）受取配当金の益金不算入額は、永久差異に該当するため、税効果会計の適用対象とはならない。

・解説と解答・

　税効果会計とは、損益計算書の税引前当期純利益金額と法人税申告書の課税所得金額の差異を調整し、税引後の当期純利益金額を会計的に意味のある金額に修正する手続である。この会計上の税引前当期純利益金額と税務上の課税所得金額の差異には「一時差異」と「永久差異」の２種類があるが、税効果会計が適用されるのは「一時差異」に限られ、永久差異には税効果会計は適用されない。

　　一時差異：計上時期が異なる等の理由により一時的に会計上と税務上の計上金額が異なるものの、最終的な総額は同じであるため、時間の経過とともに消滅する差異。

　　永久差異：会計上と税務上でそもそも計上可能な範囲（計上基準）が異なることから計上金額が異なり、時間が経過しても金額は一致せず、消滅しない差異。

　なお、一時差異のうち、差異が解消するときに課税所得を減少（損金算入）させるものを「将来減算一時差異」といい、減価償却費の償却限度超過額や貸倒引当金繰入限度超過額、繰越欠損金などがある。また、差異が解消するときに課税所得を増加（益金算入）させるものを「将来加算一時差異」といい、圧縮積立金や特別償却準備金などがある（「税効果会計に係る会計基準」第一、第二－一、注２、注３）。

1）不適切である。減価償却費の償却限度超過額は、一時差異解消時に損金として計上され、課税所得を減額する将来減算一時差異として税効果会計の

　　適用対象となる（「税効果会計に係る会計基準」注 2 ）。

2 ）適切である。永久差異とは、当期に生じた会計上の収益費用と税務上の益
　　金損金との不一致が永久に解消されない項目をいい、永久差異は税効果会
　　計の適用対象とはならない。交際費の損金不算入額は、典型的な永久差異
　　の例である（「税効果会計に係る会計基準の適用指針」77）。

3 ）適切である（「税効果会計に係る会計基準」注 3 ）。

4 ）適切である。受取配当金は、会計上は全額を収益として計上するが、税務
　　上は一定額を益金不算入とすることが容認されている（法人税法23条）。
　　したがって、受取配当金の益金不算入額は、永久差異に該当する（「税効
　　果会計に係る会計基準の適用指針」77）。

正解　1 ）

2－15　税効果会計（Ⅱ）

《問》税効果会計に関する次の記述のうち、最も不適切なものはどれか。

1）税効果会計を適用している企業において将来減算一時差異が生じた場合、回収可能性に問題がなければ、将来減算一時差異が解消する会計期間まで繰延税金資産が計上される。

2）税制改正等により法定実効税率の引下げが行われた場合、税効果会計を適用することで繰延税金資産を計上していた企業では、繰延税金資産を取り崩す必要が生じる。

3）将来減算一時差異が生じた場合、税効果会計を適用すると、損益計算書上では税引前当期純利益から控除される法人税等の額が減少するため、実際の法人税等の納付額も減少する。

4）税効果会計を適用している企業の財務分析に関しては、計上された繰延税金資産に見合う分だけ純資産が押し上げられることに留意し、繰延税金資産の回収可能性を検証する必要がある。

解説と解答

　税効果会計に係る仕訳では、「法人税等調整額」の計上により法人税、住民税および事業税が調整されると同時に、「繰延税金資産（または繰延税金負債）」が計上されることとなる。なお、将来減算一時差異からは繰延税金資産が、将来加算一時差異からは繰延税金負債が計上される。

例）税引前当期純利益金額20,000千円、課税所得24,000千円、税効果会計適用前の法人税等の額7,200千円（法人税実効税率30％）の会社が税効果会計を適用した場合、法人税等の額を6,000千円（20,000千円×30％）に修正し、税引後当期純利益金額を14,000千円（20,000千円－6,000千円）とすることで、会計的に意味のある金額となる。このとき、損益計算書上では、▲1,200千円（6,000千円－7,200千円）の法人税等の調整を行ったこととなるので、これを仕訳で表すと下記のとおりとなる。

（借方）繰延税金資産　1,200千円　　　（貸方）法人税等調整額　1,200千円

1）適切である。

2）適切である。税効果会計を適用することで繰延税金資産を計上した企業について、税制改正等により法定実効税率の引下げが行われた場合、繰延税

　　金資産は将来減算一時差異に法人税率を乗じることで算出されるため、結
　　果として法人税等の前払い効果が減少し、繰延税金資産を取り崩す必要が
　　生じる。
3）不適切である。将来減算一時差異が生じた場合、税効果会計を適用する
　　と、貸借対照表上では資産に繰延税金資産が計上され、損益計算書上では
　　税引前当期純利益から控除される法人税等調整額が計上されることにより
　　法人税等の額が減少することになるが、あくまでも会計上の調整に過ぎな
　　いため、実際の法人税等の納付額は変化しない。
4）適切である。

　　　　　　　　　　　　　　　　　　　　　　　　　　正解　　3）

2－16　グループ通算制度

《問》グループ通算制度に関する次の記述のうち、最も適切なものはどれか。

1）グループ通算制度の適用を受けようとする場合、同一の通算グループの通算親法人となる法人が単名で、通算制度の承認の申請書を提出しなければならない。

2）子法人が通算親法人との間にその通算親法人による完全支配関係を有することとなった場合には、その子法人については、その完全支配関係を有することとなった日の属する事業年度の開始日にさかのぼって通算の対象となる。

3）通算法人の欠損事業年度の終了日に、ほかの通算法人に通算前所得金額が生ずる場合、その通算法人のその欠損事業年度の通算対象所得金額は、その欠損事業年度において益金の額に算入される。

4）グループ通算制度においては、その適用を受ける通算グループ内の各通算法人を単位として各通算法人が法人税額を計算し、通算親法人がその金額を合算して申告をする。

・解説と解答・

1）不適切である。原則として、同一の通算グループとなる法人のすべての連名で、通算親法人となる法人の納税地の所轄税務署長を経由して、国税庁長官に通算制度の承認の申請書を提出する必要がある。なお、承認申請書の提出期限は、原則として、親法人の通算制度の適用を受けようとする最初の事業年度開始の日の3カ月前の日である（法人税法64条の9第2項）。

2）不適切である。原則として、その完全支配関係を有することとなった日において通算承認があったものとみなされ、同日からその効力が生じる（法人税法64条の9第11項）。

3）適切である。一方、通算法人の所得事業年度終了の日において、ほかの通算法人に通算前欠損金額が生ずる場合には、その通算法人の所得事業年度の通算対象欠損金額は、その所得事業年度の損金の額に算入される。つまり、通算グループ内の欠損法人の欠損金額の合計額が、所得法人の所得の金額の比で配分され、その配分された通算対象欠損金額が所得法人の損金の額に算入される。さらに、その欠損金額の合計額と同額の所得金額が、

欠損法人の欠損金額の比で配分され、その配分された通算対象所得金額が欠損法人の益金の額に算入されることとなる（法人税法64条の5第1項、3項）。

4）不適切である。通算グループ内の各通算法人を納税単位として、通算制度を適用しない法人と同様、その各通算法人が法人税額の計算および申告を行う必要がある。これを個別申告方式といい、企業グループ全体を1つの納税単位として法人税等の計算・申告を行う連結納税制度とは異なり、グループ通算制度では、個別申告方式を採用している（法人税法74条等）。

<u>正解　3）</u>

66

2-17 有価証券の評価（Ⅰ）

《問》下記の〈資料〉に基づき算出した有価証券の会計上の期末評価額の
　　総額として、次のうち最も適切なものはどれか。

〈資料〉　　　　　　　　　　　　　　　　　　　　　　　　　（単位：万円）

有価証券	帳簿価額	期末時価	保有目的
T社株式	500	470	関係会社株式
I社債券	250	220	満期保有（帳簿価額と額面金額は一致）
M社株式	300	310	長期利殖目的
S社株式	350	330	売買目的

1）1,330万円
2）1,360万円
3）1,380万円
4）1,390万円

● 解説と解答 ●

　有価証券は、会計上、下記の分類に基づく評価が行われる（「金融商品に関する会計基準」Ⅳ）。

売買目的有価証券：時価で評価し、評価益・評価損は当期の損益に計上する
満期保有目的債券：取得原価で評価するが、額面金額と異なる金額で取得した場合は、取得した金額と額面金額との差額を調整した金額（償却原価）で評価する
関 係 会 社 株 式：取得原価で評価する
その他有価証券：原則は時価で評価し、評価益・評価損は純資産の部に計上（全部純資産直入法）するが、評価損の場合は当期の損失に計上することもできる（部分純資産直入法）。

※なお、金銭債権については、原則として、取得原価（または償却原価）から貸倒引当金を控除した金額で評価することとされている。

したがって、期末評価額は次のとおり。

T社株式（関係会社株式）	500万円	（帳簿価額）
I社債券（満期保有）	250万円	（帳簿価額）
M社株式（長期利殖目的）	310万円	（期末時価）
S社株式（売買目的）	330万円	（期末時価）
合　　　計	1,390万円	

正解　4）

2−18 有価証券の評価（Ⅱ）

《問》有価証券等の評価に関する次の記述のうち、最も適切なものはどれ
か。
1）売買目的で保有する有価証券については、売却を前提としているこ
とから、保有時は取得原価で評価し、売却した時点で売却益・売却
損を損益に計上する。
2）金銭債権については、取得価額または償却原価から、財務内容評価
法やキャッシュ・フロー見積法で算出した貸倒引当金を控除した金
額で評価する。
3）関連会社株式については、売却を前提としていないことから公正価
値で評価し、評価益・評価損は純資産の部に計上する。
4）満期まで保有する債券については、原則として時価で評価するが、
額面金額と取得金額が異なるときは、当該差額を調整した償却原価
で評価する。

・解説と解答・

1）不適切である。売買目的で所有する有価証券については、売却を前提とし
ていることから、保有時は時価で評価し、評価益・評価損の評価差額は当
期の損益として損益計算書に計上する（「金融商品に関する会計基準」
Ⅳ−2）。
2）適切である（「金融商品に関する会計基準」Ⅳ−1）。
3）不適切である。関係会社株式については、売却を前提としていないことか
ら取得原価で評価する（「金融商品に関する会計基準」Ⅳ−2）。
4）不適切である。満期まで保有する債券については、原則として取得原価で
評価するが、額面金額と取得金額が異なるときは、当該差額を調整した償
却原価で評価する（「金融商品に関する会計基準」Ⅳ−2）。

正解　2）

2-19　退職給付会計

《問》退職給付会計に関する次の記述のうち、最も適切なものはどれか。
1）退職給付は、将来の退職給付見込額などの見積りを前提とした会計
項目に分類され、退職給付引当金は基本的には退職給付債務と年金
資産の差額とされる。
2）退職給付の状況を個別財務諸表の損益計算書に表すには、退職給付
引当金を計上する。
3）退職給付債務とは、従業員の勤務期間に応じて年々増加する従業員
に対する後払いの労働対価であり、将来見込まれる退職給付の支払
総額のことをいう。
4）退職給付は、支出までに相当の期間があることから、退職給付債務
の算定にあたっては、時間価値を考慮して将来価値を算出する。

●解説と解答●

1）適切である（「退職給付に係る会計基準」13、27、39、55）。
2）不適切である。退職給付の状況を個別財務諸表の損益計算書に表すには
「退職給付費用」を計上し、貸借対照表に表すには「退職給付引当金」を
計上することとなる（「退職給付に係る会計基準」13、14、27、28）。
3）不適切である。退職給付債務とは、将来見込まれる退職給付の支払総額の
うち、当会計期間までに発生していると認められる部分を割り引いたもの
をいう（「退職給付に係る会計基準」6）。
4）不適切である。退職給付は、従業員に対する後払い報酬と考えられ、支出
までに相当の期間があることから、退職給付債務の算定において、時間価
値を考慮するために現在価値へ割り引く必要がある（「退職給付に係る会
計基準」6）。

正解　1）

2 - 20　固定資産の減損会計（I）

《問》固定資産の減損会計に関する次の記述のうち、最も不適切なものは
どれか。
1）減損会計とは、固定資産の収益性の低下によって将来発生するであ
ろう損失を、減損が生じた時点で処理するものである。
2）減損会計における減損処理とは、固定資産の帳簿価額を減額させる
とともに、原則として、減損損失を特別損失として計上することで
ある。
3）減損会計の厳格な適用が強制されているのは、上場会社やその子会
社等の金融商品取引法適用会社および会社法上の会計監査人設置会
社であり、中小企業は減損会計の厳格な適用は強制されていない。
4）減損会計が対象とする固定資産は企業が投資を行った有形固定資産
に限定されており、のれん等の無形固定資産は対象とされていな
い。

・解説と解答・

1）適切である（「固定資産の減損に係る会計基準の設定に関する意見書」三
－3）。
2）適切である（「固定資産の減損に係る会計基準の設定に関する意見書」四
－2（3））。
3）適切である。減損会計の厳格な適用が強制されているのは、上場会社やそ
の子会社等の金融商品取引法適用会社および会社法上の会計監査人設置会
社であり、中小企業は減損会計の厳格な適用は強制されていない。
4）不適切である。減損会計の対象は、企業が投資を行った固定資産であり、
有形固定資産のほか、のれん等の無形固定資産も含まれる（「固定資産の
減損に係る会計基準の適用指針」5、68）。

<u>正解　4）</u>

2－21　固定資産の減損会計（Ⅱ）

《問》固定資産の減損会計に関する次の記述のうち、最も適切なものはどれか。

1）減損会計における減損処理の対象は、企業が投資を行った固定資産であるが、のれん等の無形固定資産は含まれない。

2）減損会計における減損処理とは、固定資産の帳簿価額を減額させるとともに、原則として、減損損失を営業外費用として計上することである。

3）減損会計における「減損の兆候」の例として、固定資産の市場価額が著しく下落し、帳簿価額の50％程度以上下落することが挙げられる。

4）減損会計における「減損の認識」は、対象となる固定資産グループの割引後将来キャッシュ・フローの総額が、当該固定資産グループの帳簿価額を下回るときに行われる。

・解説と解答・

1）不適切である。減損会計における「減損処理」の対象は、企業が投資を行った固定資産であり、有形固定資産のほか、のれん等の無形固定資産も含まれる（「固定資産の減損に係る会計基準の適用指針」5、68）。

2）不適切である。減損会計における減損処理とは、固定資産の帳簿価額を減額させるとともに、原則として減損損失を特別損失として計上することである（「固定資産の減損に係る会計基準の設定に関する意見書」四－2（3））。

3）適切である（「固定資産の減損に係る会計基準の適用指針」15）。

4）不適切である。減損会計における「減損の認識」は、対象となる固定資産グループの割引前将来キャッシュ・フローの総額が、当該固定資産グループの帳簿価額を下回るときに行われる（「固定資産の減損に係る会計基準の設定に関する意見書」四－2（2）①）。

正解　3）

2 －22　リース会計基準

《問》リース会計基準に関する次の記述のうち、最も適切なものはどれ
か。なお、本問においては、リース取引の会計処理の原則について
回答するものとし、一定の要件を満たす中小企業に認められる例外
的な会計処理は考慮しないものとする。

1）オペレーティング・リース取引は、ファイナンス・リース取引以外
のリース取引であると定義されている。

2）オペレーティング・リース取引により調達した資産については、貸
借対照表に資産として計上する。

3）所有権移転外ファイナンス・リース取引に該当するリース資産の会
計処理について、借手側では、原則として利息相当額の総額をリー
ス期間にわたって配分する必要はないとされる。

4）ファイナンス・リース取引の要件として、解約不能のリース期間中
のリース料総額の現在価値が、リース物件を借手が現金で購入した
場合の見積購入金額のおおむね90％以下であることが挙げられる。

・解説と解答・

　リース取引とは、特定の物件の所有者たる貸手が、当該物件の借手に対し、
合意された期間（リース期間）にわたりこれを使用収益する権利を与え、借手
は、合意された使用料（リース料）を貸手に支払う取引をいう。リース取引に
係る会計処理については、「リース取引に関する会計基準」や「リース取引に
関する会計基準の適用指針」を参照することとされている。なお、リース取引
は、ファイナンス・リース取引とオペレーティング・リース取引に分類され、
さらにファイナンス・リース取引は、所有権移転ファイナンス・リース取引と
所有権移転外ファイナンス・リース取引に分類される。

1）適切である（「リース取引に関する会計基準」6）。

2）不適切である。オペレーティング・リース取引により調達した資産につい
て、借手側では、貸借対照表に資産として計上せず、損益計算書に賃借料
等として費用計上する賃貸借処理を行う（「リース取引に関する会計基準」
15）。

3）不適切である。ファイナンス・リース取引については、通常の売買取引に
係る方法に準じて会計処理を行うこととされている。そのうち、所有権移

転外ファイナンス・リース取引により調達した資産の会計処理について、借手側では、原則として利息相当額の総額をリース期間にわたり利息法によって配分するとともに、減価償却費は、原則としてリース期間を耐用年数、残存価額をゼロとして算定する（「リース取引に関する会計基準」11、12）。

4）不適切である。ファイナンス・リース取引の要件として、解約不能のリース期間中のリース料総額の現在価値が、リース物件を借手が現金で購入した場合の見積購入金額のおおむね90％以上であることや、解約不能のリース期間がリース物件の経済的耐用年数のおおむね75％以上であることなどが挙げられる（「リース取引に関する会計基準の適用指針」5、9）。

<u>正解　1）</u>

第 3 章

財務分析

3－1　収益性分析（Ⅰ）

《問》収益性分析の概要に関する次の記述のうち、最も不適切なものはどれか。

1）資本利益率に基づく収益性分析とは、投下資本に対する収益率の水準を把握することに加え、資本利益率の結果および変化をもたらした原因を分析することである。

2）ROEとは、株主の投下した資本に対する当期純利益の比率を示したものであり、株主の観点からの収益性の指標である。

3）一般に、総資産経常利益率は、企業規模の拡大とともに上昇し、大企業の総資産経常利益率は中小企業より高い傾向がある。

4）資本利益率の計算における「資本」は、「期首資本」と「期末資本」の平均値を用いるのが一般的である。

・解説と解答・

1）適切である。

2）適切である。ROE（％）＝当期純利益÷株主資本（自己資本）により算出する。

3）不適切である。総資産経常利益率は、一般に、企業規模が拡大するにつれて低下する傾向がある。一般に、中小企業は労働集約的であり（中小企業における低賃金労働者の存在は、大企業に比べ相対的に労働コストが低く抑えられることを意味する。したがって、中小企業は労働集約的な構造となる）、従業員1人当たりの固定資産が相対的に少なく、結果として総資産経常利益率が高くなる傾向がある。一方、大企業は資本集約的であり、従業員1人当たりの固定資産が相対的に多く、結果として総資産経常利益率が低くなる傾向がある。つまり、総資産経常利益率は、企業規模や企業特性（資本集約的企業、労働集約的企業等）によって異なり、総資産経常利益率の対比は、企業の投資効率の対比に直結するものではない。

総資産経常利益率（％）＝経常利益÷総資産

4）適切である。

正解　3）

3−2　収益性分析（Ⅱ）

《問》GMROI（商品投下資本粗利益率）に関する次の記述のうち、最も不適切なものはどれか。

1) GMROI は、商品投下資本粗利益率と呼ばれ、小売業における重要な経営分析指標の1つである。
2) GMROI の分母である平均在庫投資額は、原価ベースとすることが一般的である。
3) GMROI は、当該算式に売上高を介在させ、利幅を表す売上高総利益率と効率を表す商品投下資本回転率に分解することで、より詳細な分析を行うことが可能となる。
4) 売上総利益が1,000百万円、平均在庫投資額（原価ベース）が250百万円である企業の GMROI は、25％である。

● 解説と解答 ●

　GMROI（商品投下資本粗利益率）とは、平均在庫投資額に対して粗利益がどの程度あるかを表す、小売業で重要な指標の1つである。

$$\text{GMROI（\%）} = \frac{\text{売上総利益（粗利益）}}{\text{平均在庫投資額（原価ベース）}}$$

$$= \frac{\text{売上総利益}}{\text{売上高}} \times \frac{\text{売上高}}{\text{平均在庫投資額（原価ベース）}}$$

$$= \text{売上総利益率} \times \text{商品投下資本回転率}$$

1) 適切である。
2) 適切である。なお、商品投下資本回転率を売価ベースで計算すると、交差比率（交叉比率）を算出することができる。
3) 適切である。上記、分解式を参照。
4) 不適切である。GMROI は、売上総利益（粗利益）を平均在庫投資額（原価ベース）で除して表される。したがって、GMROI＝1,000百万円÷250百万円＝400％となる。これは、1万円を商品在庫に投資すると、4万円の売上総利益が得られるということを意味している。

<u>正解　4)</u>

3-3　収益性分析（Ⅲ）

《問》下記の〈資料〉に基づき計算した売上高営業利益率として、次のうち最も適切なものはどれか。なお、〈資料〉に記載のない事項については考慮しないものとする。また、答は％表示とし、小数点以下第3位を四捨五入すること。

〈資料〉　　　　　　　　　　　　　　　　　　　　　　　　（単位：千円）

総売上高	382,887	期首商品棚卸高	10,253
売上値引額	358	期末商品棚卸高	12,888
売上割引額	648	支払利息	2,680
売上割戻額	427	販売費及び一般管理費	131,422
総仕入高	229,732		
仕入値引額	2,011		
仕入割引額	1,238		
仕入割戻額	1,033		

1）6.70％
2）6.95％
3）6.97％
4）7.15％

・**解説と解答**・

　売上高は、総売上高から売上値引額および売上割戻額を控除することで求められる。

　売上割引額は、金融費用として営業外費用に含まれ、仕入割引額は金融収益として営業外収益に含まれる。

売上高＝総売上高－売上値引額－売上割戻額
　　　＝382,887千円－358千円－427千円
　　　＝382,102千円

売上原価＝期首商品棚卸高＋（総仕入高－仕入値引額－仕入割戻額）
　　　　　－期末商品棚卸高
　　　　＝10,253千円＋（229,732千円－2,011千円－1,033千円）－12,888千円
　　　　＝224,053千円

営業利益＝売上高－売上原価－販売費及び一般管理費
　　　　＝382,102千円－224,053千円－131,422千円
　　　　＝26,627千円

売上高営業利益率＝営業利益÷売上高
　　　　　　　　＝26,627千円÷382,102千円
　　　　　　　　＝6.968…％≒6.97％

正解　3）

3－4　収益性分析（Ⅳ）

《問》収益性分析指標に関する次の記述のうち、最も不適切なものはどれ
　　か。
1）株主資本（自己資本）当期純利益率は当期純利益を株主資本（自己
　　資本）で除した財務指標である。
2）インタレスト・カバレッジ・レシオとは、金融費用を「営業利益＋
　　金融収益」で除した財務指標であり、借入金の限度額を金融費用の
　　負担能力からみた指標といえる。
3）経営資本営業利益率とは、営業利益を経営資本で除した財務指標で
　　あり、「経営資本」は、総資本のうち企業本来の営業活動に投下さ
　　れた資本のことをいう。
4）営業利益対金融費用比率とは、金融費用を営業利益で除した財務指
　　標であり、この比率が高いほど金融費用の負担が大きいといえる。

・解説と解答・

1）適切である。株主資本（自己資本）当期純利益率は、株主が投下した資本
　に対してどの程度の当期純利益率を得ているのか、つまり株主の視点から
　の収益性分析指標といえる。

$$株主資本（自己資本）当期純利益率（ROE）（\%）=\frac{当期純利益}{株主資本（自己資本）}$$

2）不適切である。インタレスト・カバレッジ・レシオとは、「営業利益＋金
　融収益」を金融費用で除した財務指標である。つまり、インタレスト・カ
　バレッジ・レシオは、借入金の限度額を金融費用の負担能力からみた指標
　といえる。

$$インタレスト・カバレッジ・レシオ（倍）=\frac{営業利益＋金融収益}{金融費用}$$

3）適切である。なお、経営資本は、総資産から建設仮勘定、遊休不動産、投
　資その他資産、繰延資産を控除したものである。

$$経営資本営業利益率（\%）=\frac{営業利益}{経営資本}$$

4）適切である。営業利益対金融費用比率は、営業利益のうちどの程度が金融
　費用の支払に充てられているかをみる指標である。

$$営業利益対金融費用比率（％）＝\frac{金融費用}{営業利益}$$

<u>正解　2）</u>

3−5 損益分岐点分析（Ⅰ）

《問》損益分岐点分析の基礎知識に関する次の記述のうち、最も不適切な
ものはどれか。
1）経常損益段階で損益分岐点分析を行う場合、支払利息等の営業外費
用から受取利息等の営業外収益を差し引いた金額は、変動費に含ま
れる。
2）損益分岐点分析は、企業外部による収益性の分析に利用されるとと
もに、企業内部による管理会計目的でも利用される。
3）損益分岐点分析は、企業の収益構造を把握することを目的とした実
数分析の1つである。
4）損益分岐点分析は、営業損益段階で行われる場合と、経常損益段階
で行われる場合のいずれもあり得る。

・解説と解答・

1）不適切である。経常損益段階で損益分岐点を行う場合、支払利息等の営業
外費用から受取利息等の営業外収益を差し引いた金額は、固定費に含まれ
る。
2）適切である。損益分岐点分析は、主に翌期の予想売上高に対していくらの
利益をあげることができるかなどを予想するのに用いられる。また、この
応用として、一定の利益を上げるためには売上がいくら必要であるか、一
定の利益や売上を前提とした場合に費用をいくらまで使うことができるか
などを求めることができる。したがって、損益分岐点分析は、企業外部に
よる分析に用いられるとともに、企業内部による管理会計目的でも用いら
れるのが一般的である。
3）適切である。損益分岐点分析は、実数分析の1つである。
4）適切である。損益分岐点分析は、変動費と固定費という企業の費用構造に
着目し、それらが企業の利益に及ぼす影響の観点から、収益性、安全性を
評価する手法である。また、損益がゼロになる売上高を損益分岐点売上高
という。この場合の損益としては、営業損益段階で考える場合と経常損益
段階で考える場合がある。

正解　1）

3 － 6　損益分岐点分析（Ⅱ）

《問》損益分岐点分析の基礎知識に関する次の記述のうち、最も適切なも
のはどれか。
1）総費用法とは、2 期間の売上高の増減額とそれに対応する費用の増
減額をすべて固定費とみなし、費用の増減額を売上高の増減額で除
して変動費率を算定する方法である。
2）個別費用法（勘定科目法）とは、各費用項目をその性質に基づい
て、個々に変動費と固定費に分別する方法である。
3）経営安全率（安全余裕率）とは、現在の売上高からどの程度減収と
なった場合に損益がゼロになるかを示す比率であり、この比率が小
さいほど財務の安全性が高い。
4）損益分岐点比率とは、損益分岐点売上高に対する実際の売上高の割
合であるため、この比率が大きいほど収益性が優れている。

・解説と解答・

1）不適切である。総費用法は、2 期間の売上高の増減に対応する費用の増減
分をすべて変動費とみなすことで、費用を変動費と固定費に分別する方法
である。
2）適切である。
3）不適切である。経営安全率（安全余裕率）とは、現在の売上高からどの程
度減収となったら損益がゼロになるかを示す比率である。なお、この比率
が大きいほど財務の安全性が高いといえる。

$$経営安全率（\%）＝ 1 － 損益分岐点比率$$

4）不適切である。損益分岐点比率とは、実際の売上高に対する損益分岐点売
上高の割合であるため、この比率が小さいほど収益性が優れている。

$$損益分岐点売上高（円）＝ \frac{固定費}{1 － 変動費率} ＝ \frac{固定費}{限界利益率}$$

$$損益分岐点比率（\%）＝ \frac{損益分岐点売上高}{売上高}$$

<u>正解　2）</u>

3－7 損益分岐点分析（Ⅲ）

《問》損益分岐点の計算方法に関する次の記述のうち、最も不適切なものはどれか。

1）売上高が400億円、変動費率が60％、固定費が100億円の場合、利益は60億円である。

2）固定費が40億円、限界利益率が20％の場合、損益分岐点売上高は200億円である。

3）変動費率が上昇し、固定費が増加すると、損益分岐点売上高は低下する。

4）損益分岐点売上高が300億円、変動費率が70％の場合、固定費は90億円になる。

● 解説と解答 ●

1）適切である。

獲得可能利益＝売上高×（1－変動費率）－固定費より、

利益＝400億円×（1－60％）－100億円＝60億円

2）適切である。

$$損益分岐点売上高＝\frac{固定費}{限界利益率}＝\frac{40億円}{20％}＝200億円$$

3）不適切である。損益分岐点売上高は「固定費÷（1－変動費率）」により算出される。したがって、変動費率が上昇し、固定費が増加すると、より多い売上を確保しないと利益が出ないので損益分岐点売上高は上昇する。

4）適切である。

$$損益分岐点売上高＝\frac{固定費}{1－変動費率}より、$$

固定費＝損益分岐点売上高×（1－変動費率）

＝300億円×（1－70％）

＝90億円

正解　3）

3-8 損益分岐点分析（Ⅳ）

《問》損益分岐点分析の応用算式に関する次の記述のうち、最も不適切な
ものはどれか。
1) 一定の目標利益を上げるための必要売上高は、「（固定費＋目標利
益）÷限界利益率」で算出することができる。
2) 変動費率が現状に比べて増加すると見込まれるとき、一定の目標利
益を上げるための必要売上高は、「（固定費＋目標利益）÷｜1－変動
費率×（1－増加率）｜」で算出することができる。
3) 一定の売上高を上げた場合に獲得可能な利益の予想額は、「売上高
×（1－変動費率）－固定費」で算出することができる。
4) 固定費が増加すると見込まれるとき、一定の目標利益を上げるため
の必要売上高は、「｜（固定費＋増加額）＋目標利益｜÷（1－変動費
率）」で算出することができる。

・解説と解答・

1) 適切である。なお、限界利益率＝（1－変動費率）である。

$$必要売上高＝\frac{固定費＋目標利益}{限界利益率}＝\frac{固定費＋目標利益}{1－変動費率}$$

2) 不適切である。変動費率が増加すると見込まれるときの必要売上高は、
「（固定費＋目標利益）÷｜1－変動費率×（1＋増加率）｜」により算出する。
なお、変動費率が現状に比べて変化すると見込まれるとき、一定の目標利
益を上げるための必要売上高は、次の算式で求められる。

$$必要売上高＝\frac{固定費＋目標利益}{1－変動費率×（1±変化率）}$$

3) 適切である。

獲得可能利益＝売上高×（1－変動費率）－固定費＝限界利益－固定費

4) 適切である。固定費が現状に比べて変化すると見込まれるとき、一定の目
標利益を上げるための必要売上高は、次の算式で求められる。

$$必要売上高＝\frac{（固定費±変化額）＋目標利益}{1－変動費率}$$

正解 2)

3-9 損益分岐点分析（Ⅴ）

《問》下記の〈資料〉に基づき算出される経常損益段階での損益分岐点販
売数量として、次のうち最も適切なものはどれか。

〈資料〉

売上高：29,750千円（販売数量：8,500個）　　　（単位：千円）

原価明細	費目計	うち変動費
直接材料費	8,750	8,750
直接労務費	7,030	7,030
直接経費	995	305
間接材料費	770	125
間接労務費	1,875	355
間接経費	355	55
販売費	2,235	1,230
一般管理費	1,790	0

1）4,025個
2）4,250個
3）4,433個
4）4,651個

● 解説と解答 ●

〔計算過程1〕

変動費率＝変動費÷売上高

= (8,750千円＋7,030千円＋305千円＋125千円＋355千円＋55千円

＋1,230千円)÷29,750千円＝60％

損益分岐点売上高＝固定費÷（1－変動費率）

＝（費目計合計－変動費合計）÷（1－変動費率）

＝（23,800千円－17,850千円）÷（1－60％）

＝5,950千円÷（1－60％）

$$= 14,875千円$$

損益分岐点販売数量＝損益分岐点売上高÷販売単価

$$= 14,875千円 ÷ (29,750千円 ÷ 8,500個)$$

$$= 4,250個$$

〔計算過程2〕

変動費単価＝変動費合計÷販売数量

$$= (8,750千円 + 7,030千円 + 305千円 + 125千円 + 355千円 + 55千円$$

$$+ 1,230千円) ÷ 8,500個$$

$$= 2.1千円$$

損益分岐点販売数量＝固定費÷（販売単価−変動費単価）

$$= 5,950千円 ÷ \{(29,750千円 ÷ 8,500個) - 2.1千円\}$$

$$= 4,250個$$

　なお、売上高29,750千円＝利益＋固定費＋変動費

正解　2）

3-10 安全性分析（Ⅰ）

《問》安全性分析の前提となる勘定科目に関する次の記述のうち、最も適
　　切なものはどれか。
1）現金・預金残高の妥当性検証について、中小企業では資金運用効率
　　の観点から、大企業では安全性確保の観点から実施すべきである。
2）土地は取得原価で評価されるが、時価の下落により含み損を抱えて
　　いる場合には、当該含み損については5年以内に毎期均等額の減価
　　償却を行わなければならない。
3）前払金は、諸経費や資産の購入にあたっての手付金であるから、財
　　産的価値が乏しいことを前提として安全性分析を行う必要がある。
4）期末において棚卸資産の水増し計上があることが判明した場合、売
　　上原価が過大計上されていることに注意すべきである。

・解説と解答・

　安全性分析では、貸借対照表をベースとし、①資産と負債・純資産がそれぞ
れどのような構成になっているか、および両者の関係はどうなっているか、②
資金を調達し運用するに際して、それが効率的に行われているか、③その期間
の資金運用・調達の動きを把握し、それらのバランス状態をチェックする。
1）不適切である。現金・預金については、これを多く持つことによる安全性
　　の確保と、資金運用効率の低下という背反した側面がある。中小企業では
　　安全性の確保、大企業では資金運用効率が問題となる。
2）不適切である。土地は取得原価主義で評価され、減価償却の対象にはなら
　　ない。なお、土地については、その活用状況と時価および含み損益、担保
　　設定状況がポイントとなる。
3）適切である。前払金は、諸経費や資産の購入にあたっての手付金であるか
　　ら、財産的価値が乏しいことを認識する必要がある。
4）不適切である。棚卸資産については、適正在庫の把握と、滞留在庫や陳腐
　　化在庫の把握、さらに水増し計上がされていないかどうかの検討がポイン
　　トとなる。棚卸資産を水増し計上すると、売上原価が過小計上される結
　　果、売上総利益が過大となる。この場合には、売上総利益率が上昇するた
　　め、水増し発見の糸口となる。

正解　3）

3－11 安全性分析（Ⅱ）

> 《問》安全性分析指標に関する次の記述のうち、最も不適切なものはどれ
> か。
> 1）流動比率とは、総資産に対する流動資産の割合を示すものであり、
>   静態的安全性分析における代表的な指標である。
> 2）固定比率とは、固定資産が返済の必要のない純資産（自己資本）で
>   どの程度賄われているかをみる指標である。
> 3）負債比率とは、純資産（自己資本）に対する負債の割合を示すもの
>   であり、純資産（自己資本）が負債を担保するものであるという考
>   え方に基づいた指標である。
> 4）自己資本比率とは、総資産に対する自己資本の割合を示すものであ
>   り、自己資本の充実度合いをみる指標である。

・解説と解答・

1）不適切である。流動比率とは、流動負債に対する流動資産の割合を示すも
のであり、静態的安全性分析では代表的な指標である。1年ないし通常の
営業循環期間のなかで返済すべき負債に対して、1年ないし通常の営業循
環期間内に現金化して負債の返済に充当できる資産の倍率を表している。

$$流動比率（\%）=\frac{流動資産}{流動負債}$$

2）適切である。固定比率の理想的な水準は、固定資産が全額安全性の高い純
資産（自己資本）によって賄われている状態、すなわち100％以下が望ま
しいとされる。ただし、固定資産のなかに市場性のある多額の投資有価証
券がある場合や、拘束性のない長期預金がある場合などは、固定比率が
100％以上であってもそれほど問題にはならず、単に比率だけをみるので
はなく固定資産の内容について分析する必要がある。

$$固定比率（\%）=\frac{固定資産}{純資産（自己資本）}$$

3）適切である。負債という支払義務に対して、資産という支払手段で賄われ
ることになるが、純資産（自己資本）はこの負債（支払義務）を担保する
ものであるという考え方に基づいている。なお、この指標が低いほど安全
性が高いとされる。

$$負債比率（\%）＝\frac{負債}{純資産（自己資本）}$$

4）適切である。自己資本比率は、その数値が高いほど安全性が高いとされ、50％以上が理想といわれている。

$$自己資本比率（\%）＝\frac{自己資本}{総資産}$$

<u>正解　1）</u>

3－12　安全性分析（Ⅲ）

《問》安全性分析指標に関する次の記述のうち、最も不適切なものはどれ
か。
1）無借金経営を行っている会社の貸借対照表には負債が存在しないた
め、自己資本比率は100％となる。
2）棚卸資産の手持期間としての棚卸資産回転期間を厳密に算出する場
合、平均月商を分母として用いるより、月平均売上原価（または月
平均仕入高）を分母として用いるほうが望ましい。
3）当座比率とは、当座資産の流動負債に対する割合を示すものであ
り、一般に100％以上が望ましいとされる。
4）固定長期適合率は、固定資産は純資産（自己資本）と長期間での返
済が認められている固定負債の合計額以内に収まっていればよいと
いう考え方に基づく指標である。

・解説と解答・

1）不適切である。無借金経営を行っている会社であっても、買掛金等の負債
は発生するため、自己資本比率が100％となるとは限らない。
2）適切である。企業活動に投下された資本が入れ替わるのに何カ月かかるの
かというのを回転期間といい、1回転に要する期間を表している。回転期
間は、一般に「勘定残高÷平均月商」により算出されるが、棚卸資産回転
期間の計算に用いられる分母は、厳密には月平均売上原価（または月平均
仕入高）であり、平均月商ではない。しかし、売上債権回転期間等ほかの
回転期間と同一の尺度で期間を考えることができるため、実務上は平均月
商が用いられるのが一般的である。

$$棚卸資産回転期間（カ月）＝\frac{棚卸資産}{平均月商}$$

3）適切である。なお、当座資産とは、一般に、流動資産の部に表示された現
金・預金、受取手形、売掛金、有価証券をいうが、実務上は流動資産全体
から棚卸資産を差し引いたもので代用されることもある。

$$当座比率（％）＝\frac{当座資産}{流動負債}$$

4）適切である。固定長期適合率とは、固定資産が、返済の必要のない純資産

（自己資本）と長期間での返済が認められている固定負債によってどの程度賄われているかをみる指標である。固定長期適合率の水準は、一般に、100％以下が望ましいとされる。

$$固定長期適合率（\%）＝\frac{固定資産}{純資産（自己資本）＋固定負債}$$

正解　1）

3 − 13　安全性分析（Ⅳ）

《問》下記の〈貸借対照表〉に基づき、安全性に関する諸比率を算出した。これに関する次の記述のうち、最も適切なものはどれか。なお、当座資産には、「その他流動資産」を含めないものとし、比率は％表示の小数点以下第 3 位を四捨五入すること。また、割引手形は、負債比率の計算の際には負債に含めて計算するが、ほかの諸比率の計算上は考慮しないものとする。

〈貸借対照表〉　　　　　　　　　　　　　　　（単位：百万円）

資　産　の　部	金　額	負債・純資産の部	金　額
［ 流 動 資 産 ］	423	［ 流 動 負 債 ］	383
現 金 ・ 預 金	56	支 払 手 形	175
受 取 手 形	170	買 掛 金	80
売 掛 金	110	短 期 借 入 金	75
棚 卸 資 産	60	未 払 金	20
その他流動資産	27	その他流動負債	33
［ 固 定 資 産 ］	217	［ 固 定 負 債 ］	93
有 形 固 定 資 産	180	長 期 借 入 金	85
無 形 固 定 資 産	7	退 職 給 付 引 当 金	8
投資その他の資産	30	［ 純 資 産 ］	164
		資 本 金	40
		利 益 剰 余 金	124
資 産 合 計	640	負債・純資産合計	640
割 引 手 形	70		

1 ）流動比率は、112.56％である。
2 ）当座比率は、90.65％である。
3 ）負債比率は、332.93％である。
4 ）固定長期適合率は、88.67％である。

・解説と解答・

1) 不適切である。

$$流動比率（\%）＝\frac{流動資産}{流動負債}$$

$$＝\frac{423百万円}{383百万円}＝110.443\cdots\%≒110.44\%$$

2) 不適切である。

$$当座比率（\%）＝\frac{当座資産}{流動負債}$$

$$＝\frac{現金・預金＋受取手形＋売掛金}{流動負債}$$

$$＝\frac{336百万円}{383百万円}＝87.728\cdots\%≒87.73\%$$

3) 適切である。

$$負債比率（\%）＝\frac{負債}{純資産}$$

$$＝\frac{流動負債＋固定負債＋割引手形}{純資産}$$

$$＝\frac{546百万円}{164百万円}$$

$$＝332.926\cdots\%≒332.93\%$$

4) 不適切である。

$$固定長期適合率（\%）＝\frac{固定資産}{純資産＋固定負債}$$

$$＝\frac{217百万円}{164百万円＋93百万円}＝84.435\cdots\%≒84.44\%$$

正解　3）

3-14　安全性分析（Ⅴ）

《問》売上債権、棚卸資産、仕入債務の回転期間分析に関する次の記述の
うち、最も不適切なものはどれか。
1）売上債権回転期間が業界平均と比較して長い場合や時系列的に長期
化している場合には、回収の遅延、不良債権の発生、さらには粉飾
の可能性も考えられる。
2）棚卸資産回転期間が業界平均と比較して長い場合や時系列的に長期
化している場合には、売れ残り、デッド・ストックの発生などが考
えられる。その一方で、品揃えや品不足商品の早期大量確保などの
政策的な場合も考えられる。
3）仕入債務回転期間が業界平均と比較して短い場合や時系列的に短縮
している場合には、当該企業の所要運転資金が減少していることに
なり、流動面、収益面ともに良好な状態にあると考えられる。
4）一般に、売上債権回転期間やたな卸資産回転期間の長期化は、所要
運転資金の増加要因となり、その一方で、仕入債務回転期間の長期
化は資金負担の軽減につながる。

・解説と解答・

1）適切である。売上債権回転期間は、短いほど回収が早く、資本の運用効率
がよいことになる（資金負担が軽減される）。この回転期間の長期化は、
取引条件の悪化や回収遅延による滞留債権の発生などの理由が考えられ
る。また、企業の政策（回収期間を長くして売上増加を目論む）などによ
る場合もあるので、長期化の要因を追求する必要がある。
2）適切である。棚卸資産の回転期間は、欠品が生じない範囲でその期間が短
ければ短いほど、資本の運用効率がよいことになる。この期間が長期化し
ている場合には、販売不振による滞留在庫の発生や多額の返品、陳腐化に
よる不良在庫の発生などが考えられる。また、一方で、政策的な品揃えや
思惑買い等による場合にもたな卸資産回転期間は長期化するので、長期化
の要因を追求する必要がある。
3）不適切である。仕入債務回転期間が長いと、資金繰りに余裕は出るが、短
いと、逆に余裕のない状態となる。一般に、仕入債務回転期間の変動は、
仕入先との力関係が弱く、早期支払を求められたためにこの期間が短くな

ることがあるが、逆に強い立場でこの期間を短くしてコストダウンを図る
ケースもある。また、資金繰りが苦しくなって仕入債務の返済期間を延ば
す場合や仕入先との力関係が有利となり、長期化を強制する場合もあるの
で、企業側に質問する必要がある。いずれにしても、表面的な観察だけ
で、「良好な状態」との評価は避けるべきである。

4）適切である。解説1）、2）、3）を参照。

正解 3）

3 −15 成長性分析

《問》精密機器販売会社であるＡ社および同業Ｂ社に係る下記の〈資料〉
に関する次の記述のうち、最も不適切なものはどれか。

〈資料〉 (単位：百万円)

		前期	当期	当期÷前期
Ａ社	売上高	2,110	2,740	129.9%
	売上総利益	274	301	109.9%
	経常利益	85	43	50.6%
	従業員数	39	45	115.4%
Ｂ社	売上高	950	1,045	110.0%
	売上総利益	114	125	109.6%
	経常利益	24	31	129.2%
	従業員数	21	23	109.5%

1 ）売上高は両社とも伸びているが、伸び率はＡ社が高い。

2 ）Ａ社は従業員の増加を図り、売上高の上伸に力を入れたが、当期の
売上高総利益率は悪化した。

3 ）当期の従業員 1 人当たり売上高、従業員 1 人当たり売上総利益、従
業員 1 人当たり経常利益すべてについてＡ社が高い。

4 ）Ａ社の経常利益の減少要因は売上高総利益率の悪化と人件費の増加
などが考えられる。

・解説と解答・

　両社の売上高利益率と従業員1人当たり売上高および利益率を算出すると、下記のようになる。

（単位：百万円）

項　　　　目	A　　社		B　　社	
	前期	当期	前期	当期
売上高総利益率	13.0%	11.0%	12.0%	12.0%
売上高経常利益率	4.0%	1.6%	2.5%	3.0%
従業員1人当たり売上高	54.1	60.9	45.2	45.4
従業員1人当たり売上総利益	7.0	6.7	5.4	5.4
従業員1人当たり経常利益	2.2	1.0	1.1	1.3

　両社の売上高はともに上伸しているが、A社の伸び率のほうが高い。しかし、逆にA社の売上高総利益率は悪化している。これは、A社の売上高優先の姿勢をうかがわせている。従業員1人当たり売上高、従業員1人当たり売上総利益についても同様の傾向が現れている。また、A社の当期経常利益は大きく悪化し、当期従業員1人当たり経常利益については、B社のほうが高い。

　したがって、肢3）が不適切である。

<u>正解　3）</u>

3-16 生産性分析（I）

《問》生産性分析指標に関する次の記述のうち、最も不適切なものはどれか。

1）当座比率が高くて現金・預金比率が低い場合には、売上債権や棚卸資産などの異常性を疑ってみる必要がある。

2）収支ズレがプラスの資金体質をもつ企業は、一般に、売上の増加に伴い運転資金需要も増加する傾向がある。

3）インタレスト・カバレッジ・レシオは金融費用の負担能力を測定するものであるが、同時にこの指標から借入金の限度額をつかむことができる。

4）仕入債務回転率が上昇している場合でも、その原因として良・悪両面の要素が考えられるため、指標水準のみで判断しないほうがよい。

・解説と解答・

1）不適切である。棚卸資産は、当座資産に含まれない勘定科目である。

2）適切である。収支ズレは、「売上債権＋棚卸資産－仕入債務」の各回転期間の差として把握されるので、これらの条件が売上増によって大きく変動しない限り、記述のとおりとみてよい。

3）適切である。この指標は、「（営業利益＋金融収益）÷金融費用」により算出され、前段記述のとおり金融費用の負担能力を測定するものであるが、これを裏返すと、現行金利水準で、金融費用がどれだけ増えると経常利益がゼロ（それが借入限度額）になるかを示していることになる。

4）適切である。意図的に早期の支払を行いコストダウンを図った結果か、逆に信用力が低下して仕入先から早期の支払を強制された結果なのかによって、信用判断のうえでは大きな違いが出てくる。

<u>正解　1）</u>

3－17　生産性分析（Ⅱ）

《問》生産性分析指標に関する次の記述のうち、最も不適切なものはどれか。
1）付加価値率は、売上高を付加価値額で除したものであるから、この比率を高めることは収益性向上の1つの目標となる。
2）付加価値労働生産性は、付加価値額を従業員数で除したものであるから、この金額が大きいということは、労働効率の高さを示すことになる。
3）設備生産性は、付加価値額を有形固定資産（建設仮勘定を除く）で除したものであり、数値が大きいほど設備の稼働効率がよい。
4）労働装備率は、有形固定資産（建設仮勘定を除く）を従業員数で除したものであり、資本集約型の企業では高く、労働集約型の企業では低い。

・解説と解答・

1）不適切である。付加価値率とは、売上高に占める付加価値額の割合を示すもので、いわば企業の加工度（自社で付加した価値の割合）を知るための指標であるから、その算式は、付加価値額を売上高で除したものである。

2）適切である。付加価値労働生産性とは、従業員1人当たりの付加価値額のことをいい、付加価値分析のなかで最も重視されている。この指標が、労働効率の良否、労働者の生産性を表す。

3）適切である。設備生産性とは、生産設備が有効に利用されているかを示すものである。この指標の分母は、製造業の場合、「有形固定資産－建設仮勘定（現在建設中の建物等）」とすることが多いが、業種によっては「固定資産」や「有形固定資産」とすることもある。

4）適切である。労働装備率とは、従業員1人当たりの有形固定資産（建設仮勘定を除く）がどの程度であるかを示すものであり、この数値が大きいということは、償却不足がない限り、生産の機械化や営業拠点・手段が充実していることを示している。また、この指標は資本集約型（事業活動を営むうえで、労働力より資本設備への依存度が高い）企業においては高く、労働集約型（事業活動を営むうえで、資本設備より労働力への依存度が高い）企業においては低い。

<u>正解　1）</u>

3-18　生産性分析（Ⅲ）

《問》付加価値による生産性分析に関する次の記述のうち、最も適切なものはどれか。
1）付加価値率とは、資本生産性を示す指標の1つであり、生産設備がいかに有効に利用されているかを示す指標である。
2）労働装備率とは、労働効率を測定するための指標であり、従業員1人当たりの付加価値額として算定される。
3）設備生産性（設備投資効率）は、設備投資に積極的な企業ほど高くなる傾向があるため、生産性分析のための指標としても用いられている。
4）付加価値労働生産性は、資本集約度、総資産回転率、付加価値率の積に相当し、ここでいう資本集約度とは、従業員1人当たりの総資産の額を示している。

・解説と解答・

付加価値とは、一般に、企業が生み出した新しい価値であり、利益の概念よりも広い概念とされる。付加価値額は、売上高から前給付原価（外部からの購入価値）を差し引いて求める。これを控除法という。
1）不適切である。付加価値率とは、売上高に占める付加価値額の割合を示す指標であり、企業の加工度（自社で付加した価値の割合）を知るための指標である。本肢の記述は、設備生産性（設備投資効率）に関する説明である。
2）不適切である。労働装備率とは、従業員1人当たりの有形固定資産（建設仮勘定を除く）の額を示す指標である。本肢の記述は、付加価値労働生産性（労働生産性）に関する説明である。
3）不適切である。設備生産性は、企業が設備投資した有形固定資産などの設備がどれくらい効率的に活用されているかを示す指標で、付加価値額を有形固定資産（建設仮勘定を除く）で割って算出するため、設備投資に消極的な企業ほど高くなる傾向がある。
4）適切である。付加価値労働生産性は、さまざまな指標に細分化することができ、資本集約度は総資産を従業員数で除して求められる。

正解　4）

3-19　付加価値労働生産性（I）

《問》K社のX年3月期の諸指標は下記の〈資料〉のとおりである。この
とき、K社のX年3月期の付加価値労働生産性として、次のうち最
も適切なものはどれか。なお、下記の〈資料〉に記載のない事項は
考慮せず、答は百万円未満を四捨五入し、百万円単位で算出するこ
と。

〈資料〉

総資産	3,850百万円
総資産回転期間	12.5カ月
年間平均従業員1人当たり売上高	24百万円
付加価値率	50%

1）12百万円
2）14百万円
3）16百万円
4）18百万円

・解説と解答・

〔計算過程1〕

$$総資産回転期間 = \frac{総資産}{売上高 \div 12カ月} = \frac{総資産 \times 12カ月}{売上高} より、$$

$$売上高 = \frac{総資産 \times 12カ月}{総資産回転期間} = \frac{3,850百万円 \times 12カ月}{12.5カ月} = 3,696百万円$$

付加価値額 = 売上高 × 付加価値率より、

$$= 3,696百万円 \times 50\% = 1,848百万円$$

$$年間平均従業員1人当たり売上高 = \frac{売上高}{年間平均従業員数}$$

$$\therefore 年間平均従業員数 = \frac{売上高}{年間平均従業員1人当たり売上高}$$

$$= \frac{3,696百万円}{24百万円} = 154人$$

$$付加価値労働生産性 = \frac{付加価値額}{年間平均従業員数} = \frac{1,848百万円}{154人} = 12百万円$$

〔計算過程2〕

$$付加価値労働生産性 = \frac{付加価値額}{年間平均従業員数}$$

$$= \frac{売上高}{年間平均従業員数} \times \frac{付加価値額}{売上高}$$

$$= 年間平均従業員1人当たり売上高 \times 付加価値率$$

$$= 24百万円 \times 50\%$$

$$= 12百万円$$

正解　1）

3-20 付加価値労働生産性（Ⅱ）

《問》下記の〈資料〉に基づき算出した付加価値労働生産性として、次の
うち最も適切なものはどれか。なお、答は千円未満を四捨五入し、
千円単位とすること。

〈資料〉

総 資 産 回 転 率	1.25回
付 加 価 値 率	50.0%
総 資 産 の 金 額	585,000千円
労 働 分 配 率	60.0%
従業員1人当たり人件費	3,656,250円

1) 6,094千円
2) 9,141千円
3) 60,938千円
4) 91,406千円

・解説と解答・

　付加価値労働生産性とは、従業員1人当たりの付加価値額のことをいい、付
加価値分析のなかで最も重要視されている。

　付加価値労働生産性の公式は付加価値額を従業員数で除したものであるが、
この指標はさらに、さまざまな指標に分解することができる。ここでは、付加
価値労働生産性を構成するさまざまな指標を提示し、付加価値労働生産性その
ものを算出させることで、相互の関係を確認させることを意図している。

〔計算過程1〕

　付加価値労働生産性の算式は以下のように分解できる。

　　付加価値労働生産性＝従業員1人当たり人件費÷労働分配率
　　　　　　　　　　　＝3,656,250円÷60.0%
　　　　　　　　　　　＝6,093,750円≒6,094千円

〔計算過程2〕

　なお、従業員数を別途計算して算出することもできる。

　　　　付加価値額＝総資産の金額×総資産回転率×付加価値率
　　　　　　　　　＝585,000千円×1.25回×50.0%＝365,625千円

　　従業員数＝付加価値額×労働分配率÷従業員1人当たり人件費
　　　　　　＝365,625,000円×60.0%÷3,656,250円＝60人
付加価値労働生産性＝付加価値額÷従業員数
　　　　　　＝365,625千円÷60人＝6,093.75千円≒6,094千円

正解　1）

3-21 付加価値労働生産性（Ⅲ）

《問》下記の〈資料〉に基づき算出した付加価値労働生産性として、次の
うち最も適切なものはどれか。なお、答は百万円単位とし、小数点
以下第2位を四捨五入すること。

〈資料〉

資本集約度 40百万円	労働装備率 16百万円	従業員1人当たり人件費 5.4百万円
労働分配率 45.0%	付加価値率 25.0%	純売上高 1,440百万円

1) 7.2百万円
2) 10.0百万円
3) 12.0百万円
4) 12.6百万円

● 解説と解答 ●

〔計算過程1〕

〈資料〉より付加価値労働生産性を含む算式を求めると、「付加価値労働生産性×労働分配率＝従業員1人当たり人件費」の分解式が成立する。

よって、付加価値労働生産性は、

付加価値労働生産性＝従業員1人当たり人件費÷労働分配率
＝5.4百万円÷45.0%
＝12.0百万円

〔計算過程2〕

なお、従業員1人当たり付加価値額（労働生産性）の観点から、下記の計算過程を経ても算出することができる。

付加価値額＝純売上高×付加価値率＝1,440百万円×25.0%＝360百万円
人件費＝付加価値額×労働分配率＝360百万円×45.0%＝162百万円
従業員数＝人件費÷従業員1人当たり人件費＝162百万円÷5.4百万円＝30人
付加価値労働生産性＝付加価値額÷従業員数＝360百万円÷30人＝12百万円

正解 3)

3-22 配当率および配当性向

《問》T社のX年／3月期の総資産、配当総額および財務分析指標等は下記の〈資料〉のとおりである。T社の①配当率および②配当性向の組合せとして、次のうち最も適切なものはどれか。なお、本問において出資額と資本金は一致しているものとする。

〈資料〉

総資産	2,500百万円
総資産回転期間	10カ月
売上高当期純利益率	8.0%
純資産（自己資本）比率	35.0%
自己資本に占める資本金の割合	30.0%
配当総額	84百万円

1）①30%　　②30%
2）①32%　　②35%
3）①33%　　②37%
4）①35%　　②32%

・解説と解答・

①配当率（%）＝配当総額÷資本金より、

資本金＝総資産×純資産（自己資本）比率×自己資本に占める資本金の割合
　　　＝2,500百万円×35.0%×30.0%＝262.5百万円

配当率＝84百万円÷262.5百万円＝32%

②配当性向（%）＝配当総額÷当期純利益より、

売上高＝総資産×12÷総資産回転期間
　　　＝2,500百万円×12÷10カ月＝3,000百万円

当期純利益＝売上高×売上高当期純利益率
　　　　　＝3,000百万円×8.0%＝240百万円

配当性向＝84百万円÷240百万円＝35%

正解　2）

3-23 決算資金 （I）

《問》決算資金に関する次の記述のうち、最も不適切なものはどれか。
1）定時株主総会で決議する監査役に対する役員賞与は、決算資金に含まれる。
2）租税特別措置法上の準備金の積立は、決算資金に含まれる。
3）確定決算による法人税だけでなく、地方税も決算資金に含まれる。
4）定時株主総会で決議する株主に対する配当金は、決算資金に含まれる。

●解説と解答●

　決算資金は、定時株主総会において決議する配当金と役員賞与金、法人税、地方税などの支払に充当する資金であり、前期の利益は資本の循環過程に再投入され、売掛金や在庫等のかたちをとっているため、借入が必要となるものである。
1）適切である。監査役に対する役員賞与も決算資金の構成要素となる。
2）不適切である。租税特別措置法上の準備金の積立は、単に資本内部の科目変更にすぎず、具体的に資金の流出を伴うものではない。
3）適切である。地方税も決算資金に含まれる。
4）適切である。定時株主総会で決議する配当金も決算資金に含まれる。

正解　2）

3−24 決算資金（Ⅱ）

《問》下記の〈資料〉に基づき算出した期末時点で必要となる決算資金の
金額として、次のうち最も適切なものはどれか。

〈資料〉 （単位：百万円）

1．損益計算書
　①税引前当期純利益　　　760
　②法人税等　　　　　　　390
　③当期純利益　　　　　　370
2．貸借対照表
　①未払法人税等　　　　　200
　②退職給付引当金　　　　540
3．翌期における剰余金の配当
　①利益準備金　　　　　　 40
　②配当金　　　　　　　　400

1）600百万円
2）640百万円
3）790百万円
4）830百万円

● 解説と解答 ●

　法人税および住民税は、上半期分は中間納付をしており、下半期分が決算時
に未払として残っている。決算資金として必要となるのは、この未払法人税等
200百万円であり、1年分の法人税等390百万円ではない。

　利益準備金40百万円は、株主資本内部の科目振替にすぎず、資金の動きを伴
うものではない。

　配当金400百万円は資金的に必要となる金額である。

　したがって、決算資金は、

　200百万円＋400百万円＝600百万円

正解　1）

3－25　減価償却率

《問》下記の〈資料〉に基づき算出した当期末時点における当期減価償却
資産の減価償却率として、次のうち最も適切なものはどれか。な
お、当期中の減価償却資産の新規取得、売却、除却および減損など
はないものとし、減価償却率の計算結果については、％表示におけ
る小数点以下第2位を四捨五入すること。

〈資料〉

減価償却資産の取得価額	650百万円
当期首減価償却累計額	276百万円
当期減価償却費	83百万円
当期末減価償却資産残高	266百万円

1) 23.1％
2) 23.8％
3) 30.1％
4) 31.2％

● 解説と解答 ●

$$減価償却率（％）＝\frac{当期減価償却費}{当期末減価償却資産残高＋当期減価償却費}$$

$$＝\frac{83百万円}{266百万円＋83百万円}$$

$$＝23.78\cdots ％ ≒ 23.8％$$

　なお、「当期末減価償却資産残高＋当期減価償却費」は、減価償却資産を償
却前の帳簿価額に戻した金額である。

正解　2)

3－26　減価償却累計率

《問》下記の〈資料〉に基づき算出した当期末時点における減価償却資産
の減価償却累計率として、次のうち最も適切なものはどれか。な
お、当期中の減価償却資産の新規取得、売却、除却および減損など
はないものとし、減価償却累計率の計算結果については、％表示に
おける小数点以下第2位を四捨五入すること。

〈資料〉

減価償却資産の取得価額	800百万円
当期首減価償却累計額	325百万円
当期減価償却費	110百万円
当期末減価償却資産残高	365百万円

1）22.7％
2）25.3％
3）54.4％
4）60.6％

解説と解答

$$減価償却累計率（\%）= \frac{減価償却累計額}{減価償却資産 + 減価償却累計額}$$

$$= \frac{当期首減価償却累計額 + 当期減価償却費}{減価償却資産の取得価額}$$

$$= \frac{325百万円 + 110百万円}{800百万円}$$

$$= 54.37\cdots\% \fallingdotseq 54.4\%$$

なお、「減価償却資産＋減価償却累計額」は、減価償却資産を取得価額に戻
した金額である。

正解　3）

第4章

資金分析等

4-1 資金運用表（Ⅰ）

《問》3区分（固定資金、運転資金、財務資金）資金運用表における資金の運用・調達区分と算式に関する次の記述のうち、最も不適切なものはどれか。

1）資産の減少、負債および純資産の増加は資金の運用に区分され、資産の増加、負債および純資産の減少は資金の調達に区分される。

2）当期中の配当金支払額は、資金運用表上の固定資金欄の運用欄に表示される。

3）税金の当期納付額は、「前期貸借対照表の未払法人税等＋当期損益計算書の法人税、住民税および事業税－当期貸借対照表の未払法人税等」により算出する。

4）当期固定資産投資額は、固定資産の除売却がない場合、「固定資産増加額＋当期減価償却費等」により算出する。

解説と解答

　資金運用表とは、2期間の貸借対照表をベースにし、損益計算書などの関係勘定を加味して各科目の増減を資金の調達と運用の側面から捉え、一覧表にしたものである。資金運用表で一定期間における企業の資金がどのように調達され、どのように運用されているかをみることにより、資金の移動状況や財政状況を明らかにすることを目的としており、企業の財務政策の検討などに利用されている。なお、本試験では金融機関が多く用いる「固定資金」「運転資金」「財務資金」の3つに区分した「3区分資金運用表」を取り上げている。

1）不適切である。資金運用表の作成に当たっては、2期間の貸借対照表の増減のうち資産の増加、負債および純資産の減少を運用に区分し、資産の減少、負債および純資産の増加を調達に区分することとなる。

2）適切である。固定資金欄の調達欄には、純資産の増加、固定負債の増加および固定資産の減少が表示され、運用欄には、純資産の減少、固定負債の減少および固定資産の増加が表示される。当期中の配当金支払額は純資産の減少に該当するため、固定資金欄の運用欄に表示されることとなる。

3）適切である。税金の当期納付額とは、文字どおり当期中の支払額であるため、損益計算書の法人税、住民税および事業税とは異なり、「税金の当期納付額＝前期貸借対照表の未払法人税等＋当期損益計算書の法人税、住民

税および事業税 - 当期貸借対照表の未払法人税等」により算出する。なお、税金の支払は純資産の減少に該当するため、固定資金欄の運用欄に表示されることとなる。

4）適切である。固定資産の増加である設備投資や投融資については、キャッシュ・フローの範囲内で行われているかを確認することとなる。キャッシュ・フローを超えて設備投資等が行われている場合は、増資資金以外にも長期借入金や社債などの固定負債で固定資金調達が行われているかどうかを確認する必要がある。これらの設備投資等がキャッシュ・フローおよび長期資金の導入の範囲内であれば、固定資金欄は資金余剰が生じ、逆の場合は資金不足が生じることとなる。

<u>正解　1）</u>

4－2　資金運用表（Ⅱ）

> 《問》3区分（固定資金、運転資金、財務資金）資金運用表に関する次の
> 　　記述のうち、最も適切なものはどれか。
> 　1）資金運用表の固定資金欄において、固定資産投資が税引前当期純利
> 　　　益から決算資金を控除した留保利益に減価償却費を加算した額を超
> 　　　過しているときは、その超過分をほかの固定資金で調達しているか
> 　　　の確認が必要である。
> 　2）資金運用表の固定資金欄において、配当金が税引前当期純利益から
> 　　　支払税金を控除した税金支払後の利益を超過している場合は、留保
> 　　　利益がプラスであることを意味する。
> 　3）資金運用表の固定資金欄の留保利益に、支出を伴わない費用である
> 　　　減価償却費や引当金増加額を加算して算出される金額は、固定資金
> 　　　欄における固定資金余剰と一致する。
> 　4）資金運用表の財務資金欄には、資金の過不足を調整する手段である
> 　　　短期借入金の増減額や割引手形の増減額に加え、固定資金欄の余剰
> 　　　または不足、運転資金欄の余剰または不足が記載されるが、現金お
> 　　　よび預金の増減額は記載されない。

・解説と解答・

1）適切である。

2）不適切である。資金運用表の固定資金欄において、配当金が税引前当期純
　　利益から支払税金を控除した税金支払後の利益を超過している場合は、留
　　保利益がマイナスであることを意味する。

3）不適切である。資金運用表の固定資金欄の留保利益に、支出を伴わない費
　　用である減価償却費や引当金増加額を加算して算出される金額（いわゆる
　　キャッシュ・フロー）は、固定資金欄における固定資金余剰の額とは必ず
　　しも一致しない。

4）不適切である。3区分資金運用表の財務資金欄には、資金の過不足を調整
　　する手段である短期借入金の増減額や割引手形の増減額に加え、現金およ
　　び預金の増減額、固定資金欄の余剰または不足、運転資金欄の余剰または
　　不足が記載される。

正解　1）

4 - 3　資金運用表（Ⅲ）

《問》３区分（固定資金、運転資金、財務資金）資金運用表に関する次の
　記述のうち、最も不適切なものはどれか。
　1）資金運用表の固定資金欄に記載される支払税金は、前期分の未払法
　　　人税等の額と当期中における中間申告納付額との合計額であり、当
　　　期の損益計算書に示されている法人税等とは異なる概念である。
　2）資金運用表の財務資金欄の運用面には、主に現金および預金の増加
　　　額などが記載され、運転資金欄の運用面には、主に流動資産の増加
　　　項目である受取手形、売掛金および棚卸資産の増加額などが記載さ
　　　れる。
　3）資金運用表の運転資金欄において、棚卸資産が売上高に比例せず増
　　　加している場合は、備蓄在庫の増加などの確認を行い、妥当性を検
　　　証することが必要である。
　4）資金運用表の運転資金欄において、その他流動資産やその他流動負
　　　債の増減を要因として資金の過不足が生じている場合であっても、
　　　その他流動資産やその他流動負債の増減が売上高の増減に比例して
　　　いれば、その変動分は適正な経常運転資金の増減と判断できる。

・解説と解答・

1）適切である。なお、当期中の中間申告納付額とは、当期損益計算書の法人
　税等の額から当期貸借対照表の未払法人税等を差し引いた額である。
2）適切である。３区分資金運用表の運転資金欄の運用面には、主に貸借対照
　表の流動資産の増加項目である受取手形、売掛金および棚卸資産の増加額
　などが記載され、現金および預金の増加額は財務資金欄の運用面に記載さ
　れる。
3）適切である。棚卸資産が売上高に比例して増加している場合は、正常な在
　庫資金需要の発生とみることができる。しかし、売上高に比例せずに棚卸
　資産が増加している（つまり、棚卸資産回転期間が延びている）場合は、
　販売不振による滞留在庫や備蓄在庫が考えられる。販売不振による滞留在
　庫の場合は具体的な処分方法を、備蓄在庫については売上計画などからそ
　の妥当性をチェックしておくことが必要である。
4）不適切である。３区分資金運用表の運転資金欄において、その他流動資産

118

やその他流動負債は売上高に比例するものではなく、これらの増減を要因として資金の過不足が生じている場合は、利益操作に利用されることが多いことを踏まえ、その内訳科目である前渡金や前払費用、未払金や未払費用などの内容を十分吟味しなければならない。

正解　4）

4-4 資金運用表（Ⅳ）

《問》下記の〈比較貸借対照表（要約）〉および〈付属資料〉に基づいて
〈資金運用表〉を作成するとき、空欄①〜④にあてはまる金額の組
合せとして、次のうち最も適切なものはどれか。

〈比較貸借対照表（要約）〉　　　　　　　　　　（単位：百万円）

資産	前期	当期	負債・純資産	前期	当期
現金・預金	205	167	支払手形	451	478
受取手形	291	351	買掛金	225	239
売掛金	127	175	短期借入金	80	229
貸倒引当金	▲4	▲5	未払法人税等	9	9
棚卸資産	141	165	長期借入金	128	146
固定資産	280	403	純資産	147	155
合　　計	1,040	1,256	合　　計	1,040	1,256

〈付属資料〉　　　　　（単位：百万円）

	前期	当期
売上高	1,711	2,061
税引前当期純利益	24	32
法人税等	12	16
減価償却費	16	17
割引手形期末残高	227	325

※当期には上記のほか次の処理を行った。

　機械売却：簿価7百万円、売却価額7百万円

※当期中に支払われた株主配当金8百万円

〈資金運用表〉　　　　　　　　　　　　　　　（単位：百万円）

	運　　用		調　　達	
固定資産	税金支払	（①）	税引前当期純利益	（③）
	配当金支払	8	固定資産売却	（④）
	固定資産投資	（②）	減価償却費	17
			固定資金不足	115
	合　　計	171	合　　計	171
運転資金	受取手形増加	158	支払手形増加	27
	売掛金増加	48	買掛金増加	14
	棚卸資産増加	24	貸倒引当金増加	1
			流動資金不足	188
	合　　計	230	合　　計	230
財務資金	固定資金不足	115	割引手形増加	98
	流動資金不足	188	短期借入金増加	149
			長期借入金増加	18
			現金・預金減少	38
	合　　計	303	合　　計	303

1）①25（百万円）　　②147（百万円）
　　③32（百万円）　　④5（百万円）
2）①16（百万円）　　②147（百万円）
　　③32（百万円）　　④7（百万円）
3）①25（百万円）　　②140（百万円）
　　③32（百万円）　　④7（百万円）
4）①16（百万円）　　②140（百万円）
　　③40（百万円）　　④7（百万円）

・解説と解答・

①当期税金支払額＝前期未払法人税等＋当期法人税等－当期未払法人税等
　　　　　　　　　＝9百万円＋16百万円－9百万円
　　　　　　　　　＝16百万円

②固定資産投資＝固定資産増加額＋当期減価償却費＋固定資産売却額簿価
　　　　　　　＝（403百万円－280百万円）＋17百万円＋7百万円
　　　　　　　＝147百万円
③税引前当期純利益＝32百万円
④固定資産売却＝7百万円
　したがって、肢2）の①16（百万円）　②147（百万円）　③32（百万円）
④7（百万円）が適切である。

正解　2）

4－5　資金運用表（Ⅴ）

《問》資金運用表分析に関する次の記述のうち、最も不適切なものはどれか。
1）固定資金欄において、税引前当期純利益が社外流出をカバーできていない場合、当期の業績は前期比低調であったと推定される。
2）運転資金欄において、仕入債務の増加に比べ、売上債権増加が著しく、結果として流動資金不足が生じている場合は、販売条件に変化が生じ、回収が長期化した可能性がある。
3）流動資金に大きな資金不足が発生している場合、当期の流動資金繰りは破綻状態にあるといえる。
4）棚卸資産が増加しているからといって、販売不振による不良在庫が発生したと断定することはできない。

・解説と解答・

1）適切である。決算支出が税引前当期純利益でカバーされていなければ、前期に係る法人税等や配当金が多額であることになり、業績は前期比低迷していると考えられる。
2）適切である。このような場合は、売上債権の回収の長期化が推定される。
3）不適切である。売上が急に伸びた場合など、資金需要が先行し資金不足となる場合もあるため、資金不足＝資金破綻と結論づけるのは短絡的である。
4）適切である。政策的に原材料を集中手配している場合や、売上急増による在庫増加もあるので、棚卸資産の増加は即不良在庫発生とは結びつかない。

正解　3）

4-6　資金移動表（Ⅰ）

《問》資金移動表に関する次の記述のうち、最も不適切なものはどれか。

1) 資金移動表の経常収支の部は、損益計算書の経常損益を現金主義の基準で組み替えたものといえる。

2) 資金移動表は、資金繰表と同様に一定期間の現金収支を算出することを目的としており、資金繰表のように収入および支出を直接的に把握するところに特徴がある。

3) 資金移動表を分析するうえでの代表的な指標として経常収支比率があり、この比率が100%を下回っている場合、経常収入で税金支払や配当金支払、設備投資などの決算・設備関係支出をカバーできていないことを意味している。

4) 資金移動表の経常収支の部において、売上高よりも売上収入のほうが小さくなったときは、販売先との取引条件の変化や、取引条件の異なる販売品構成比の変化などによって売上債権回転期間の変動が生じたか否かを検証する必要がある。

● 解説と解答 ●

1) 適切である。

2) 不適切である。資金移動表は、資金繰表と同様に一定期間の現金収支を算出することを目的としているが、資金繰表のように収入および支出を直接的に把握するのではなく、損益計算書と貸借対照表を基にして現金収支を間接的に把握するところに特徴がある。

3) 適切である。経常収支比率（＝経常収入÷経常支出）が100%を下回っている場合、経常支出を経常収入で賄いきれていないため、経常収支から決算・設備関係支出に回せる資金的余裕がないことになる。なお、経常収支比率が100%を下回る主な要因としては、営業活動による収益が低水準であることに加え、必要とされる運転資金が増加していることなどが挙げられる。

4) 適切である。特に、売上債権回転期間が延長している場合は、その原因究明が必要である。

<u>正解　2)</u>

4-7 資金移動表（Ⅱ）

《問》下記の〈資料〉に関する次の記述のうち、最も不適切なものはどれか。

〈資料〉 資金移動表 　　　　　　　　　　　　　　（単位：百万円）

	支　　　出			収　　　入		
経常収支	仕　入　支　出			売　上　収　入		
	売　上　原　価	237		売　上　高	420	
	在　庫　増　加	28		売上債権増加	▲ 30	390
	仕入債務増加	▲ 2	263			
	その他の営業支出					
	販売費及び一般管理費	117				
	減　価　償　却　費	▲ 7				
	引　当　金　増　加	▲ 3	107			
	営　業　外　支　出			営　業　外　収　入		
	営　業　外　費　用		25	営　業　外　収　益		3
	経　常　支　出　合　計		395	経　常　収　入　合　計		393
				（経　常　支　出　超　過）		2
	合　　　　　計		395	合　　　　　計		395

1）経常利益は14百万円である。
2）必要運転資金は前期比で56百万円増加している。
3）販売費及び一般管理費に含まれている支出を伴わない費用は10百万円である。
4）営業外収支は純額で22百万円の支出超過である。

● 解説と解答 ●

1）不適切である。損益計算書は次のようになる。

　　　　　　　　　　　　　　（単位：百万円）
　Ⅰ　売　上　高　　　　　　　420
　Ⅱ　売　上　原　価　　　　　237
　　　　売上総利益　　　　　　183
　Ⅲ　販売費及び一般管理費　　117

営 業 利 益		66
Ⅳ　営業外収益		3
Ⅴ　営業外費用		<u>25</u>
経 常 利 益		<u>44</u>

2）適切である。必要運転資金増加額は、以下のとおり。

　　在庫増加＋売上債権増加－仕入債務増加＝28百万円＋30百万円－2百万円
　　　　　　　　　　　　　　　　　　　＝56百万円

3）適切である。販売費及び一般管理費に含まれる支出を伴わない費用は、以下のとおり。

　　減価償却費＋引当金増加＝7百万円＋3百万円＝10百万円

4）適切である。営業外収支は、以下のとおり支出超過である。

　　営業外収入－営業外支出＝3百万円－25百万円＝▲22百万円

正解　1）

4－8　キャッシュ・フロー計算書（Ⅰ）

《問》キャッシュ・フロー計算書において、一般的な「現金及び現金同等
物」に含まれないものは、次のうちどれか。
1）通知預金
2）当座預金
3）満期日が6カ月後の定期預金
4）償還日が1カ月後の公社債投資信託

● 解説と解答 ●

「現金及び現金同等物」とは、手許現金のほか、要求払預金（当座預金、普
通預金、通知預金）や、容易に換金可能であり、かつ価値の変動についてわず
かなリスクしか負わない短期投資のことをいい、一般に、取得日から満期日ま
たは償還日までの期間が3カ月以内の短期投資である定期預金、譲渡性預金、
コマーシャル・ペーパー、売戻し条件付き現先および公社債投資信託等が含ま
れる。

以上から1）、2）、4）は含まれ、3）が含まれない。

正解　3）

4－9　キャッシュ・フロー計算書（Ⅱ）

《問》連結キャッシュ・フロー計算書の「資金の範囲」に関する次の記述
のうち、最も不適切なものはどれか。
1 ）連結キャッシュ・フロー計算書の「資金の範囲」には継続性が求め
られているため、正当な理由なく変更することはできないが、変更
する場合は、その旨や理由、影響額の注記が必要となる。
2 ）連結キャッシュ・フロー計算書の「資金の範囲」の定義は、企業経
営者の操作を排除し、財務諸表の他社比較を可能にする観点から、
財務諸表の表示基準である財務諸表等規則に規定されている。
3 ）連結キャッシュ・フロー計算書の「資金の範囲」の構成要素である
現金には、手許現金や普通預金、当座預金などが含まれるが、一般
に、満期が 1 年後の定期預金は含まれない。
4 ）連結キャッシュ・フロー計算書の「資金の範囲」の構成要素である
現金同等物には、容易な換金可能性という要件を満たす譲渡性預金
やコマーシャル・ペーパー（CP）が含まれるが、市場性のある有
価証券は含まれない。

・解説と解答・

1 ）適切である。連結キャッシュ・フロー計算書の「資金の範囲」を変更した
場合には、その旨、その理由および影響額を注記しなければならない
（「連結キャッシュ・フロー計算書等の作成基準」第四－ 2 ）。
2 ）不適切である。連結キャッシュ・フロー計算書の「資金の範囲」について
は、各企業の資金管理活動によって異なることが予想されるため、最終的
には企業自身がその内容を決定することになる。
3 ）適切である。連結キャッシュ・フロー計算書の「資金の範囲」の構成要素
である「現金」には、手許現金だけではなく、要求払預金（普通預金、当
座預金、通知預金）や特定の電子決算手段が含まれるが、預入期間の定め
のある定期預金は含まれない（「連結キャッシュ・フロー計算書等の作成
基準」第二－一－ 2 、注解 1 、 2 ）。
4 ）適切である。連結キャッシュ・フロー計算書の「資金の範囲」の構成要素
である「現金同等物」には、取得日から満期日または償還日までの期間が
3 か月以内の短期投資である定期預金、譲渡性預金やコマーシャル・ペー

パー（CP）、売戻し条件付現先、公社債投資信託が含まれるが、市場性の
ある有価証券は価値変動リスクがわずかとはいえないため含まれない
（「連結キャッシュ・フロー計算書等の作成基準」第二－一－２、注解２）。

正解　２）

4－10　キャッシュ・フロー計算書（Ⅲ）

《問》連結キャッシュ・フロー計算書の表示区分に関する次の記述のうち、最も不適切なものはどれか。

1）企業が金融機関との間であらかじめ当座貸越契約を締結し、当該契約に基づいて当座貸越限度枠を利用している場合、当該当座貸越残高は正の現金同等物として取り扱う。

2）直接法による営業活動によるキャッシュ・フローは、法人税等支払額や受取手形の割引高などの取扱い、投資による営業外損益や特別損益などの取扱いなどの一部の項目を除き、資金移動表の経常収支とその内容がほぼ一致する。

3）財務活動によるキャッシュ・フローの区分には、借入れ、株式・社債の発行による資金調達、借入金の返済、社債の償還等が記載されるが、その表示は原則として総額で表示する。

4）投資活動によるキャッシュ・フローの区分に、企業が保有していた固定資産を売却したことを表示する場合、売却損益の金額を記載するのではなく、売却収入の金額を記載することとなる。

・解説と解答・

1）不適切である。企業が金融機関との間であらかじめ当座貸越契約を締結し、当該契約に基づいて当座貸越限度枠を利用している場合、当該当座貸越残高は負の現金同等物として取り扱うこととなる。

2）適切である。

3）適切である。財務活動によるキャッシュ・フローの区分は、原則として総額主義に基づき、各取引ごとに総額を表示する（「連結キャッシュ・フロー計算書等の作成基準」第三－二）。

4）適切である。投資活動によるキャッシュ・フローの区分も、原則として総額主義に基づくため、売却損益ではなく売却収入を記載する（「連結キャッシュ・フロー計算書等の作成基準」第三－二）。

正解　1）

4-11　キャッシュ・フロー計算書（Ⅳ）

《問》キャッシュ・フロー計算書の内容に関する次の記述のうち、最も不
　適切なものはどれか。
1）キャッシュ・フロー計算書は、金融商品取引法に基づく財務諸表の
　　1つであり、公認会計士等による財務諸表監査の対象に含まれる。
2）キャッシュ・フロー計算書は、「営業活動によるキャッシュ・フロ
　　ー」「投資活動によるキャッシュ・フロー」「財務活動によるキャッ
　　シュ・フロー」の3つに区分表示される。
3）普通預金から通知預金への振替のような資金相互間の取引は、キャ
　　ッシュ・フロー計算書における「財務活動によるキャッシュ・フロ
　　ー」の区分に表示される。
4）金融商品取引法に基づき作成されるキャッシュ・フロー計算書は、
　　原則として連結ベースで作成され、連結財務諸表が作成されない会
　　社においてのみ、単体ベースで作成される。

・解説と解答・

1）適切である。キャッシュ・フロー計算書は、金融商品取引法会計におい
　て、財務諸表の1つとして作成することとされており、公認会計士等によ
　る財務諸表監査の対象に含まれる（金融商品取引法193条の2、財務諸表
　等規則1条、監査基準）。
2）適切である。キャッシュ・フロー計算書は、「営業活動によるキャッシ
　ュ・フロー」「投資活動によるキャッシュ・フロー」「財務活動によるキャ
　ッシュ・フロー」の3つに区分表示されることになっている（財務諸表等
　規則112条）。
　営業活動によるキャッシュ・フロー：企業が外部からの資金調達に頼るこ
　となく、営業能力を維持し、新規投資を行い、借入金を返済し、配当金を
　支払うために、どの程度の資金を主たる営業活動から獲得したかを示す主
　要な情報が記載される。なお、ここでいう「営業活動」とは、損益計算書
　における営業外損益や特別損益、法人税等充当額などの支払までを含んで
　おり、営業利益の「営業」とはその範囲が異なっている。
　投資活動によるキャッシュ・フロー：現事業維持のための投資、新規事業
　への投資、有価証券などへの投資が記載される。なお、投資の回収である

キャッシュ・イン・フロー（有価証券売却収入、有形固定資産売却収入など）もこの区分に記載される。

財務活動によるキャッシュ・フロー：長短期借入金や社債の増減、増資や自社株の取得、配当金の支払などが記載される。なお、営業活動によるキャッシュ・フローを投資活動によるキャッシュ・フローが上回った場合は、この財務活動によるキャッシュ・フローで不足額を補うこととなる。

3）不適切である。キャッシュ・フローとは、資金の範囲に含められた現金および現金同等物の増加または減少を意味しているため、資金の増減を伴わない交換取引（資金でない項目間の取引）や普通預金から通知預金への振替のような資金相互間の取引はキャッシュ・フロー計算書には記載されない。

4）適切である。金融商品取引法会計で作成されるキャッシュ・フロー計算書は、連結ベースが原則で、連結財務諸表が作成されない会社においてのみ、単体ベースのキャッシュ・フロー計算書が作成される（財務諸表等規則111条）。なお、会社法会計では、特にキャッシュ・フロー計算書の作成は求められていない。

<u>正解　3）</u>

4－12 キャッシュ・フロー計算書（V）

《問》下記の〈資料〉から算出される当期のキャッシュ・フローとして、次のうち最も適切なものはどれか。なお、〈資料〉に記載のない事項については、考慮しないものとする。

〈資料〉 （単位：千円）

貸借対照表（抜粋）			損益計算書（抜粋）		
	前期末	当期末		前　期	当　期
売 上 債 権	89,100	94,500	当期純利益	24,057	25,920
棚 卸 資 産	66,825	76,500	減価償却費	22,275	21,600
仕 入 債 務	80,190	85,500			

1）27,135千円
2）37,755千円
3）48,555千円
4）57,105千円

● 解説と解答 ●

当期のキャッシュ・フロー
＝当期純利益＋減価償却費－売上債権増加額－棚卸資産増加額＋仕入債務増加額
＝25,920千円＋21,600千円－（94,500千円－89,100千円）－（76,500千円－66,825千円）＋（85,500千円－80,190千円）
＝37,755千円

正解　2）

4－13　キャッシュ・フロー計算書（Ⅵ）

《問》間接法によって作成されたキャッシュ・フロー計算書における「営業活動によるキャッシュ・フロー」に計算上含まれない項目は、次のうちどれか。
 1）利息および配当金の受取額
 2）貸倒引当金の増減額
 3）配当金の支払額
 4）有形固定資産除却損

・解説と解答・

　キャッシュ・フロー計算書は、「営業活動によるキャッシュ・フロー」、「投資活動によるキャッシュ・フロー」、「財務活動によるキャッシュ・フロー」の3つに区分表示されている。

　営業活動によるキャッシュ・フローにおける「営業活動」とは、損益計算書における営業外損益や特別損益、法人税等の支払までを含んだものであり、営業利益の「営業」とはその範囲が異なることに注意する必要がある。

　選択肢のうち、3）の配当金の支払額は「財務活動によるキャッシュ・フロー」の区分に表示される。

正解　3）

4-14 運転資金分析（I）

《問》運転資金に関する次の記述のうち、最も不適切なものはどれか。

1）売上高や取引条件に変化がないときに、常に必要とされる運転資金を「経常運転資金」といい、通常は貸借対照表の「売上債権＋棚卸資産－仕入債務」で算出される。
2）正味運転資本とは、一般に、流動資産から固定負債を差し引いた差額のことであり、資金運用表における資金に相当する。
3）運転資金とは、収支ズレに基づく資金需要に充てられる資金のほか、季節資金や決算資金、賞与資金等を含めた総称である。
4）売上高の増加や、回収・支払条件の変更に伴って生じる所要運転資金の増加額を「増加運転資金」といい、将来の一定時点の所要運転資金から現時点の所要運転資金を差し引くことによって算出される。

・解説と解答・

1）適切である。なお、売上債権には割引手形と裏書譲渡手形を含み、仕入債務には裏書譲渡手形を含むものとする。
2）不適切である。正味運転資本とは、流動資産から流動負債を差し引いた差額のことであり、資金表のなかでは、資金運用表においてこの資金概念が採用されている。
3）適切である。
4）適切である。

正解　2）

4-15 運転資金分析（Ⅱ）

《問》下記の〈資料〉に基づき算出した経常運転資金として、次のうち最
も適切なものはどれか。なお、計算結果は、表示単位の小数点以下
第1位を四捨五入すること。

〈資料〉

平均月商	450百万円
受取手形回転率	12.0回
売掛金回転率	7.5回
棚卸資産回転率	8.0回
支払手形回転率	24.0回
買掛金回転率	6.0回

1）321百万円
2）694百万円
3）720百万円
4）985百万円

● 解説と解答 ●

経常運転資金＝売上債権＋棚卸資産－仕入債務

回転期間（カ月）＝12÷回転率＝勘定残高÷平均月商より、

経常運転資金＝平均月商×（12÷受取手形回転率＋12÷売掛金回転率＋12
　　　　　÷棚卸資産回転率－12÷支払手形回転率－12÷買掛金回転率）
　　　　＝450百万円×（1.0カ月＋1.6カ月＋1.5カ月－0.5カ月－2.0カ月）
　　　　＝720百万円

正解　3）

4 − 16 正味現在価値（NPV）

《問》下記の〈資料〉は、ある投資プロジェクトについて、初期投資額と今後5年間の年度別回収予定額を示したものである。この投資プロジェクトの今後5年間の回収予定を踏まえた正味現在価値（NPV）として、次のうち最も適切なものはどれか。なお、正味現在価値の計算には、割引率が将来にわたって5％で一定であると仮定した場合の現価係数を各年度において用いること。

〈資料〉 （単位：万円）

	現在	第1年度	第2年度	第3年度	第4年度	第5年度
投資額	7,300	-	-	-	-	-
回収予定額	-	1,000	1,200	1,500	2,000	2,500
各年度の現価係数（割引率5％の場合）	1.00	0.95	0.91	0.86	0.82	0.78

1) ▲378万円
2) ▲1,328万円
3) ▲1,470万円
4) ▲2,018万円

・解説と解答・

正味現在価値法（NPV法）とは、投資により得られる一連のキャッシュ・フローをある一定の資本コストで割り引いた現在価値の合計が、投資額を上回った場合に投資価値があると判断する方法である。

$$NPV = \frac{R_1}{1+i} + \frac{R_2}{(1+i)^2} + \cdots + \frac{R_n}{(1+i)^n} - I$$

（R：キャッシュ・フロー、i：資本コスト、I：投資額）

・第1年度の回収予定額の現在価値
　＝第1年度の回収予定額×第1年度の現価係数
　＝1,000万円×0.95
　＝950万円…①

・第2年度の回収予定額の現在価値
　＝第2年度の回収予定額×第2年度の現価係数
　＝1,200万円×0.91
　＝1,092万円…②
・第3年度の回収予定額の現在価値
　＝第3年度の回収予定額×第3年度の現価係数
　＝1,500万円×0.86
　＝1,290万円…③
・第4年度の回収予定額の現在価値
　＝第4年度の回収予定額×第4年度の現価係数
　＝2,000万円×0.82
　＝1,640万円…④
・第5年度の回収予定額の現在価値
　＝第5年度の回収予定額×第5年度の現価係数
　＝2,500万円×0.78
　＝1,950万円…⑤
・プロジェクトへの初期投資額＝7,300万円…⑥

∴プロジェクトの正味現在価値（NPV）
　＝（①＋②＋③＋④＋⑤）－⑥
　＝（950万円＋1,092万円＋1,290万円＋1,640万円＋1,950万円）－7,300万円
　＝▲378万円

正解　1）

4−17 損益予想の検討

《問》機械部品製造業であるK社から、次のような借入れの申出があった。設備投資後のK社の損益予想に関する次の記述のうち、最も不適切なものはどれか。

〈設備投資後の損益予想〉　　　　　　　　　　　　　　　（単位：百万円）

項　目	当期	翌期	翌々期
売上高	1,314	1,583	1,643
売上原価	1,005	1,160	1,213
（売上総利益）	（　309）	（　423）	（　430）
販売費及び一般管理費	260	330	335
（営業利益）	（　49）	（　93）	（　95）
営業外収益	15	16	16
営業外費用	50	70	70
〈うち支払利息〉	（　40）	（　60）	（　60）
（経常利益）	（　14）	（　39）	（　41）
特別利益（土地売却益ほか）	132	12	12
特別損失（土地圧縮損ほか）	111	11	11
（税引前当期純利益）	（　35）	（　40）	（　42）
法人税等	18	20	21
（当期純利益）	（　17）	（　20）	（　21）

〈資料〉

	当期	翌期	翌々期
配当金支払	8	14	14
減価償却費	30	56	56
各種引当金繰入額	13	14	14
各種引当金戻入額	10	11	11
長期借入金返済負担額（本件含む）	25	75	75

〈借入申出〉

工場増築資金：250百万円のうち150百万円

機械購入資金：100百万円

〈返済方法〉

翌期より5年間元金均等返済

1）設備本格稼動後の翌々期の売上は、当期比20％以上のアップをねらっている。

2）当期に土地等の売却を行い、資金の有効活用のために法人税法上の買換えの特例を受け、工場設備増設を計画したものである。

3）工場設備増設により、製造費用のコストダウンを目指している。

4）当期から翌々期にかけて「販売費及び一般管理費÷売上高」は向上しており、営業利益率アップにつながっている。

・解説と解答・

1）適切である。設備本格稼動となる翌々期の売上高1,643百万円は当期の売上高1,314百万円比25％アップを目的としたものである。

2）適切である。土地売却益と土地圧縮損の計上から買換えが行われており、土地売却益のうち土地圧縮損で相殺される部分については圧縮記帳による課税の繰延べが行われている。

3）適切である。売上原価÷売上高は当期約76.5％、翌々期約73.8％と向上を見込んでいるが、これは工場の増設と機械の導入による製造費用のコストダウンであることが推測される。

4）不適切である。当期に比べ翌々期の営業利益率（営業利益÷売上高）は3.7％から5.8％へと向上しているが、販売費及び一般管理費÷売上高は19.8％から20.4％に悪化している。

正解　4）

第 5 章

企業実態の把握等

5－1　投融資資金の借入申込みを受けた際の注意点

《問》取引先から投融資資金の借入申込みを受けた際に、当該投融資が本
　　業との関連性のない投資、融資等であった場合、金融機関が注意す
　　べき点に関する次の記述のうち、最も不適切なものはどれか。
1 ）値上り益獲得を目的とした上場株式購入のための借入申込みを受け
　　た場合は、換金（売却）の容易性を検討する必要はないが、株式投
　　資そのものの是非を検討する必要がある。
2 ）投融資は、不良資産化や損失発生等の要因となり得るため、担保に
　　よる保全を充実させる必要がある。
3 ）投融資を実施した場合に発生する金利負担や借入返済負担が、取引
　　先の収益状況や資金繰りに及ぼす影響を調査する必要がある。
4 ）取引先が検討している投融資に納得性があり、融資に応じる場合で
　　あっても、融資額は利益での返済が可能な範囲内とする必要があ
　　る。

●解説と解答●

　投融資資金とは、他者（社）への融資、企業間の提携・系列化のための出
資、投資目的での有価証券の購入等、企業の本来の営業活動とは別に行われる
投資や融資のための資金をいう。企業がこれらの資金を借入により調達した場
合には、借入目的（使途）の解消による回収金や企業の営業活動から生じる利
益により分割返済しなければならない。
　取引先からの投融資資金の借入申込みを受けた際に注意すべき点は、以下の
とおりである。
　①その投融資に納得性があるか。値上り益獲得を目的とした株式・不動産等
　　の購入は、不良資産化、損失発生の要因となり得ることを踏まえたうえ
　　で、換金（売却）の容易性についても検討が必要である。
　②業容・業態に比べて過大な投融資でなく、収益状況や資金繰りに悪影響を
　　及ぼさないか。
　③利益での返済は可能であるか。
　④担保は確保されているか。
　以上から、2 ）、3 ）、4 ）は適切であり、1 ）は不適切である。

正解　1 ）

5－2　粉飾

《問》粉飾に関する次の記述のうち、最も不適切なものはどれか。
1）売掛金の過大計上は、企業が粉飾を行う代表的な手法の1つであり、売掛金の過大計上の結果として、粗利益率が不自然に下落するなどの影響が現れる。
2）粉飾の手法の1つである循環取引は、複数の会社間で実需のない商品などの転売が繰り返されていくことを指す。
3）循環取引を実施しても、売上と売上原価の双方が増加し、販売に伴い増加した売上債権が実際に決済されるので、結果として売上債権の増加が目立たないなど、外部の第三者が判別しにくいという特徴がある。
4）当期末の売掛金残高のうち、回収の見込みがないとわかっている金額を過小に見積もり、貸倒引当金の計上額を調整することで、貸借対照表の資産を過大に評価することがある。

・解説と解答・

1）不適切である。売掛金の過大計上は、企業が粉飾を行う代表的な手法の1つであり、これには翌期売上の先取り以外にも完全な架空売上もある。売掛金の過大計上の結果として、粗利益率が不自然に上昇するなどの影響が現れる。
2）適切である。循環取引を行うことにより、実需のない商品を帳簿上で循環させ、売上および利益を架空計上することを目的としている。
3）適切である。売上と売上原価の双方が増加した場合、利益率の変動がなく、粉飾を発見しづらい。
4）適切である。貸倒引当金の過小計上は、売掛金の過大計上になるため、資産の過大計上となることで、純資産を過大に計上することにつながる。

正解　1）

5－3　倒産の兆候

《問》財務面に現れる倒産の表面的な兆候に関する次の記述のうち、最も
　　不適切なものはどれか。
1）当座比率、流動比率、負債比率が、毎期連続して悪化している。
2）支払手形が受取手形（割引手形を含む）の数倍もある。
3）販売実績の増減、粗利率の変動幅が著しい。
4）貸倒引当金を税法規定以上に積増ししている。

・解説と解答・

1）適切である。これらの比率の悪化は、資産・自己資本の低下、負債過大化
　の傾向を示しており、短期及び長期の財務の安全性が低下していることに
　なる。
2）適切である。一般には負債の過大として認識されるが、無計画仕入、融通
　手形の振出などの要素もあり、倒産の兆候といえる。
3）適切である。得意先の変動や取扱商品の変化などが想定されるため、業況
　不安定を反映している場合がある。
4）不適切である。税法規定以上の貸倒引当金の有税積増しがあったとして
　も、利益抑制のための保守的経理による場合もある。この場合にはむしろ
　実態として経営が改善していることがあるので、それがただちに不良債権
　の発生を意味するものではない。

<u>正解　4）</u>

5－4　仕入債務の増減把握

《問》企業間信用の拡大による仕入債務の増大化は、倒産につながる１つ
のプロセスともいえる。仕入債務が増加しているかを時系列的に把
握する指標として、直接的な効果を期待しにくいものは次のうちど
れか。
1）仕入債務依存率
2）買掛金対支払手形（振出）割合
3）仕入債務比率
4）売上債権対仕入債務比率

● 解説と解答 ●

1）期待できる。仕入債務依存率（％）＝仕入債務÷仕入高
仕入高に対する仕入債務残高の割合を示すもので、仕入高の代わりに月平
均仕入高をいれると、仕入債務回転期間となる。企業間信用の膨張度合い
を測定することができる。
2）期待しにくい。買掛金対支払手形（振出）割合（％）＝支払手形÷買掛金
買掛金（掛仕入分）を支払手形の発行で決済する割合を示すものである
が、仕入債務のなかでの動きであるから、仕入債務の増大化を直接測定す
るとはいえない。
3）期待できる。仕入債務比率（％）＝仕入債務÷（負債＋純資産）
負債＋純資産＝総資産　すなわち、総資産に占める仕入債務の割合を示す
もので、本趣旨での測定は可能である。
4）期待できる。売上債権対仕入債務比率（％）＝売上債権÷仕入債務
営業循環上の債権と債務の割合であり、両者のバランスを重視した測定指
標で、比率数値は通常の場合、大きく動くことはない。

<u>正解　2）</u>

5－5 借入限度額の算出

《問》下記の〈財務情報〉に基づく企業の経常利益からみた借入限度額が
平均月商の何カ月分であるかについて、次のうち最も適切なものは
どれか。なお、借入限度額を考える際に用いる利益には、経常利益
を用いること。

〈財務情報〉

年売上高	2,400百万円
売上高経常利益率	3.5%
借入利率（年利）	4.0%
支払利息額（月平均）	3百万円

1）12カ月分
2）15カ月分
3）18カ月分
4）21カ月分

● 解説と解答 ●

基本的な考え方としては、利益をゼロにする借入金の額を求めればよい。

売上高経常利益率（％）＝経常利益÷売上高より、
支払利息額を足し戻した経常利益
　＝年売上高×売上高経常利益率＋支払利息額
　＝（2,400百万円×3.5％）＋3百万円×12
　＝120百万円
利益120百万円をゼロにする借入額：120百万円÷4.0％＝3,000百万円
よって、平均月商との割合：3,000百万円÷（2,400百万円÷12）＝15カ月

〔別解〕
　支払利益額を足し戻した経常利益をベースに借入金の割合を求め、借入限度
額を考える。
　支払利息額を足し戻した売上高対経常利益率÷借入利率＝年売上高に対する
借入金の割合

$$\frac{(2{,}400百万円 \times 3.5\%) + 3百万円 \times 12}{2{,}400百万円} \div 4.0\% = 1.25倍$$

年売上高 × 借入金の割合 = 借入限度額

2,400百万円 × 1.25倍 = 3,000百万円

∴3,000百万円 ÷ (2,400百万円 ÷ 12) = 15カ月

<u>正解　2）</u>

5－6　企業の資金調達手法

> 《問》企業の資金調達手法に関する次の記述のうち、最も不適切なものは
> どれか。
> 1) メザニンファイナンスとは、返済・償還順位がシニアローンより劣
>   後するものの、配当が普通株式よりは優先するというファイナンス
>   手法であり、資金供与を行うプレーヤーも投資銀行、ファンドやノ
>   ンバンクなど様々である点に特徴がある。
> 2) コマーシャルペーパー（CP）とは、発行企業がマーケットにおい
>   て割引形式で発行する無担保の約束手形をさし、償還期間が通常5
>   年未満の資金の調達を目的としている。
> 3) 転換社債型新株予約権付社債は、社債のままで利息の受領や満期時
>   に額面償還を受けることや、株式に転換して配当の受領や売却によ
>   る値上がり益を得ることが可能である。
> 4) 信用保証協会保証付私募債は、信用保証協会を保証人として発行す
>   る社債を指し、私募債の保証資格要件として、インタレスト・カバ
>   レッジ・レシオや純資産倍率などの指標が一定数以上であることな
>   どを満たす必要がある。

● 解説と解答 ●

1) 適切である。
2) 不適切である。コマーシャルペーパー（CP）とは、発行企業がマーケッ
   トにおいて割引形式で発行する無担保の約束手形を指し、償還期間が通常
   1年未満である短期資金の調達を目的としている。
3) 適切である。転換社債型新株予約権付社債とは、あらかじめ決められた条
   件で株式に転換することができる社債を指し、社債のままで利息の受領や
   満期時に額面償還を受けることや、株式に転換して配当の受領や売却によ
   る値上がり益を得ることが可能である。
4) 適切である。なお、信用保証協会保証付私募債とは、金融機関引受私募債
   （単に私募債ともいう）の1つであり、ほかに銀行保証付私募債がある。

正解　2)

5－7　売掛債権流動化

《問》売掛債権流動化に関する次の記述のうち、最も不適切なものはどれか。

1）売掛債権担保融資とは、会社が保有する売掛債権の信用力を担保として金融機関等から借入れを行う手法であり、売掛債権の決済期日前の資金調達や借入金の返済原資に回収した売掛金を充当できるなど、売掛債権の有効活用が可能となる。

2）売掛債権証券化とは、売掛債権の流動化を行おうとする会社が保有する売掛債権を証券化し、債権買取業務を行う会社に対して譲渡することで、資金調達および売掛債権のオフバランス化を行う手法であり、売掛債権のリスクを完全に切り離すことができる。

3）売掛債権の譲渡を受けた、いわゆるファクタリング会社が留意すべきリスクの1つとして、当該売掛債権の売掛先が当該売掛債権の譲渡会社に対して有する反対債権と相殺することにより当該売掛債権が減耗するコントラ・リスクがある。

4）売掛債権流動化におけるコミングリング・リスクとは、売掛債権を譲渡した会社が売掛金を回収し、譲受会社へ引き渡すことなくほかの目的に流用するリスクを指す。

・解説と解答・

　売掛債権流動化の手法には、主に「売掛債権担保融資」、「売掛債権証券化」、「ファクタリング」の3つがある。

1）適切である。

2）不適切である。売掛債権証券化は、会社が保有する売掛債権をSPV（特定目的法人）に譲渡し、SPVが当該売掛債権を証券化して投資家から資金調達を行う手法である。売掛債権証券化は、保有する売掛債権のオフバランス化が可能となるが、方法によっては売掛債権のリスクを完全には移転できないことがある。

3）適切である。本肢は、コントラ（相殺）・リスクについての記述である。なお、ファクタリングとは、売掛債権をファクタリング会社へ譲渡することにより、資金調達をする手法である。

4）適切である。売掛債権流動化においては、売掛債権の売掛先に対して当該

売掛債権の譲受会社が指定する口座への売掛金の入金を依頼することが重要である。これは、当該売掛債権の譲渡会社が回収した売掛金をほかの目的に流用してしまい、資金の流れが把握できなくなるリスク（コミングリング（混同）・リスク）を避けるために行われる。

正解　2）

5 - 8　DDS および DES

《問》DDS および DES に関する次の記述のうち、最も不適切なものは
どれか。
 1 ）DDS とは、債権者である金融機関が、債務者である企業に対して
有する既存の債権を劣後ローンなどの別の条件の債権に変更する手
法であり、主に経営難に陥った中小企業などの再生手法として利用
されている。
 2 ）DES とは、債権者である金融機関が債務者である企業に対して有
する既存の債権を、当該債務者が発行する株式と等価交換する手法
であり、株式発行による払込金を債務の返済に充当する「現物返済
型」と、債権者が貸付金を現物出資することで株式に交換する「現
金貸付型」の 2 つのスキームがある。
 3 ）DES の実施により債務者である企業が再建に成功した場合、債権
者である金融機関は、当該企業からの配当や株式売却による利益獲
得の可能性が期待できる。
 4 ）DES の実施により、債務者である企業は、自己資本比率の向上な
ど財務体質が改善するというメリットを享受することができるが、
当該債務者が中小企業である場合は、資本金の増加により税制特例
等が受けられなくなる可能性がある。

・解説と解答・

1 ）適切である。なお、DDS とは、デット・デット・スワップの略称である。
2 ）不適切である。DES（デット・エクイティ・スワップ）とは、債権者で
ある金融機関が債務者である企業に対して有する既存の債権を、当該債務
者が発行する株式と等価交換する手法であり、株式発行による払込金を債
務の返済に充当する「現金振替型」と、債権者が貸付金を現物出資するこ
とで株式に交換する「現物出資型」の 2 つのスキームがある。
3 ）適切である。
4 ）適切である。DES（デット・エクイティ・スワップ）とは、債務者であ
る企業の過剰債務を解消するために、債権者である金融機関等が債務者に
対して有する既存の債権を債務者の発行する株式と等価交換する手法であ
る。債務が減少して自己資本が増加することになるため、自己資本比率が

向上し、財務体質が改善されることとなる。一方、資本金が増加することになるため、債務者が中小企業の場合は、中小企業の税制特例等が受けられなくなる可能性があるため注意が必要である。

正解　2）

5－9　設備投資計画の妥当性判断の手法

《問》設備投資計画の妥当性判断の手法に関する次の記述のうち、最も適切なものはどれか。

1）会計的利益率法における利益率は、設備投資のコストとしての減価償却費および貨幣の時間的価値を考慮して算定される。

2）正味現在価値法（NPV法）は、将来のキャッシュ・フローを一定の割引率で割り引いた現在価値の合計が設備投資額を上回った場合に投資価値があると判断する手法である。

3）回収期間法は、回収期間に応じて、設備投資に伴うリスクの大小と設備投資の収益性に関する数値を基に、投資判断を可能とする手法であり、投資の収益性も判断できるため、実務で広く利用されている。

4）内部利益率法（IRR法）は、将来のキャッシュ・フローの現在価値と設備投資額が等しくなる内部収益率（IRR）を求め、内部収益率が一定の基準値（資本コスト等）より小さい場合に投資価値があると判断する手法である。

・解説と解答・

設備投資計画の妥当性判断の手法には、回収期間法、会計的利益率法、正味現在価値法（NPV法）、内部利益率法（IRR法）等がある。

1）不適切である。会計的利益率法においては、設備投資のコストとしての減価償却費が毎年の利益から控除されるため、設備投資のコストが年平均の利益率に反映されていると考えられる。しかし、会計的利益率法には、貨幣の時間的価値が織り込まれていないという欠点がある。

2）適切である。

3）不適切である。回収期間法とは、回収期間の長短でリスクの大小や投資の適否を判断する手法であり、投資の収益性が考慮されないという欠点がある。

4）不適切である。内部利益率法（IRR法）とは、キャッシュ・フローの現在価値と投資額が等しくなるような割引率としての内部収益率（IRR）を求め、内部収益率が一定の基準値（資本コスト等）より大きければ投資価値があると判断する手法である。

正解　2）

5－10　標準原価計算

《問》下記の〈資料〉から算出した標準原価計算における、直接材料費の
①価格差異および②数量差異について、次のうち最も適切な組合せ
はどれか。なお、各差異について、計画時と比較して有利な場合は
「有利差異」としてプラス表示し、不利な場合は「不利差異」とし
てマイナス表示すること。

〈資料〉

	計画時における標準値	実績値
直接材料費単価	400円／グラム	420円／グラム
材料消費量（1製品当たり）	55グラム	50グラム
生産数量	-	1,000個

※標準値と実績値は、同じ標準原価計算期間のものとする。

1）①▲2,000,000円　　②　1,000,000円
2）①▲1,000,000円　　②　2,000,000円
3）①　1,000,000円　　②▲2,000,000円
4）①　2,000,000円　　②▲1,000,000円

・解説と解答・

　標準原価計算とは、あらかじめ標準値となる原価目標を設定し、この標準値
に基づき製品の原価を計算する方法である。標準原価計算では、「価格差異」
と「数量差異」を算出することで、コストの無駄を分析し、改善することに活
用することができる。

価格差異＝（直接材料費単価標準値－同実績値）×材料消費量実績値×生産数量
数量差異＝直接材料費単価標準値×（材料消費量標準値－同実績値）×生産数量

　なお、価格差異と数量差異が重なる部分については、価格差異に含めるのが
通常である。これは、管理可能な数量差異を厳密に把握するためとされる。

①価格差異＝（直接材料費単価標準値－同実績値）×材料消費量実績値
　　　　　　×生産数量
　　　　＝（400円－420円）×50グラム×1,000個
　　　　＝▲1,000,000円

②数量差異＝直接材料費単価標準値×（材料消費量標準値－同実績値）
　　　　　　×生産数量
　　　　＝400円×（55グラム－50グラム）×1,000個
　　　　＝2,000,000円

正解　2）

第6章

総合問題

6－1 企業会計と財務諸表

《問》次の設例に基づき、各問に答えなさい。

---〈設 例〉---

　Ｘ金融機関Ｙ支店の担当者Ｍは、担当しているＺ社の財務分析をしようとしている。Ｍは、Ｚ社の財務分析に先立ち、まずは財務の基本について確認することにした。

《問１》財務分析の手法に関する次の記述のうち、最も適切なものはどれか。

1) 実数分析とは、財務資料の実数に基づき企業の財政状態や収益状況を分析する方法であり、その手法は内訳分析法と増減法に大別される。

2) 流動比率、負債比率、固定比率、株主資本比率などの時系列比較に基づく安全性分析は、実数分析のうち増減法に分類される。

3) 比率分析は、財務資料の実数の相互関係から算定される比率に基づいて企業の財政状態を分析する手法であり、企業の収益状況を分析する手法としては活用することはできない。

4) 中小企業において、当該企業特有の会計処理が行われていたり、勘定科目が設定されている場合は、比率分析のうち構成比率法により財務諸表の構成比を百分比で表し、他業態の企業の財務諸表の構成比と対比し、その相違点を調査する必要がある。

《問２》企業会計の目的、財務諸表の役割等に関する次の文章の空欄①から⑤にあてはまる語句を、〈語句群〉のなかから選びなさい。

　企業会計は、その情報提供先により、財務会計と管理会計に分類される。財務会計は、外部利害関係者（ステークホルダー）への情報提供のために実施される外部報告目的会計であり、管理会計は、企業内部の経営者や管理者への情報提供のために実施される内部報告目的会計である。

　財務会計においては、外部利害関係者が利用しやすいように、一定のルールに基づいて作成された財務諸表（計算書類等）によって会計

情報が伝達される。この財務諸表の中心となるものが、貸借対照表と損益計算書である。貸借対照表の役割は、決算日現在の資金の調達源泉と運用形態を表すことにより、企業の（　①　）に関する情報を提供することであり、損益計算書の役割は、1会計期間における期間損益を表すことにより、企業の（　②　）に関する情報を提供することである。

　財務会計のうち、会計法規に基づいて行われる会計を（　③　）といい、会社法会計、金融商品取引法会計、税務会計が挙げられる。会社法会計の目的は、株主に配当できる利益の上限を定めることによって（　④　）を図ることであり、金融商品取引法会計の目的は投資家保護を図ることである。また、会社法上の計算書類等（財務諸表）とは（　⑤　）へ提出する財務諸表であり、金融商品取引法上の財務諸表とは（⑤）において承認された財務諸表である。

┌─〈語句群〉
│　経営体制、財政状態、経営成績、制度会計、法定会計、原則会
│　計、債権者保護、債務者保護、株主保護、企業保護、取締役会、
│　株主総会、組合員総会、金融庁、中小企業庁、税務署

● 解説と解答 ●

《問1》

1）適切である。財務分析の手法は、財務資料の実数に基づき企業の財政状態や収益状況を分析する実数分析と、財務資料の実数の相互関係から算定される比率に基づき企業の財政状態や収益状況を分析する比率分析がある。さらに、実数分析の手法は内訳分析法、増減法に分類され、比率分析の手法は趨勢法、構成比率法、関係比率法に分類される。

2）不適切である。流動比率、負債比率、固定比率、株主資本比率などの時系列比較に基づく安全性分析は、比率分析のうち関係比率法に分類される。なお、関係比率法において用いられる関係比率は、貸借対照表の複数項目間の相互関係から算出される静態比率と、損益計算書と貸借対照表の複数項目間の関係から算出される動態比率に分類される。本肢の、流動比率、負債比率、固定比率、株主資本比率などに基づく安全性分析は、静態比率に分類される。

160

3）不適切である。解説1）を参照。

4）不適切である。中小企業では、その企業に特有の会計処理や勘定科目があ
　ることが多く、その場合には、比率分析を行う前に、実数分析の内訳分析
　法により金額そのものを分解して、その内容を調査することが必要とな
　る。

正解　1）

《問2》

本文の文章を完成させると、次のとおりとなる。

　企業会計は、その情報提供先により、財務会計と管理会計に分類され
る。財務会計は、外部利害関係者（ステークホルダー）への情報提供の
ために実施される外部報告目的会計であり、管理会計は、企業内部の経
営者や管理者への情報提供のために実施される内部報告目的会計であ
る。

　財務会計においては、外部利害関係者が利用しやすいように、一定の
ルールに基づいて作成された財務諸表（計算書類等）によって会計情報
が伝達される。この財務諸表の中心となるものが、貸借対照表と損益計
算書である。貸借対照表の役割は、決算日現在の資金の調達源泉と運用
形態を表すことにより、企業の（①財政状態）に関する情報を提供する
ことであり、損益計算書の役割は、1会計期間における期間損益を表す
ことにより、企業の（②経営成績）に関する情報を提供することであ
る。

　財務会計のうち、会計法規に基づいて行われる会計を（③制度会計）
といい、会社法会計、金融商品取引法会計、税務会計が挙げられる。会
社法会計の目的は、株主に配当できる利益の上限を定めることによって
（④債権者保護）を図ることであり、金融商品取引法会計の目的は投資
家保護を図ることである。また、会社法上の計算書類等（財務諸表）と
は（⑤株主総会）へ提出する財務諸表であり、金融商品取引法上の財務
諸表とは（⑤株主総会）において承認された財務諸表である。

正解　①財政状態、②経営成績、③制度会計、④債権者保護、⑤株主総会

6－2　連結財務諸表

《問》次の設例に基づき、各問に答えなさい。

―〈設　例〉―

　医療機器メーカーのP社は、当期首に新たに販売子会社S社を資本金100百万円で設立した（100%子会社）。P社は製品をすべてS社に販売し、S社はP社から仕入れた製品のみを外部顧客に販売するようにした。当期のP社、S社の単体の決算書は下記のとおりである。なお、S社とP社の間には製品の仕入・販売以外の取引関係はないものとする。

		P社	S社	合計
貸借対照表 （単位：百万円）	現金・預金	200	40	240
	売上債権	500	1,080	1,580
	棚卸資産	800	600	1,400
	その他流動資産	10	10	20
	子会社株式	100	0	100
	その他固定資産	1,300	400	1,700
	資産合計	2,910	2,130	5,040
	仕入債務	300	500	800
	短期借入金	300	450	750
	その他流動負債	10	10	20
	長期借入金	1,100	1,000	2,100
	負債合計	1,710	1,960	3,670
	資本金	800	100	900
	利益剰余金	400	70	470
	純資産合計	1,200	170	1,370
	負債・純資産合計	2,910	2,130	5,040

		P社	S社	合計
損益計算書 (単位：百万円)	売上高	6,000	6,480	12,480
	売上原価	4,800	5,400	10,200
	売上総利益	1,200	1,080	2,280
	販売費及び一般管理費	930	800	1,730
	営業利益	270	280	550
	営業外費用	▲180	▲180	▲360
	経常利益	90	100	190
	税引前当期純利益	90	100	190
	法人税等	▲27	▲30	▲57
	当期純利益	63	70	133

〈P社、S社の製品の製造（仕入）、販売、在庫の状況〉

		P社	S社
製造	製造原価、仕入価格	20百万円／台	25百万円／台
	台数	240台	240台
販売	販売価格	25百万円／台	30百万円／台
	台数	240台	216台
期首棚卸資産（在庫）	台数	40台	0台
期末棚卸資産（在庫）	台数	40台	24台

※上記以外の条件は考慮せず、各問に従うこと。

《問１》Ｐ社とＳ社の連結財務諸表に関する次の記述のうち、最も適切な
　　　ものはどれか。
　　１）連結貸借対照表の資本金は800百万円であり、連結損益計算書の売
　　　　上高は6,480百万円である。
　　２）連結貸借対照表の資本金は800百万円であり、連結損益計算書の売
　　　　上高は12,480百万円である。
　　３）連結貸借対照表の資本金は900百万円であり、連結損益計算書の売
　　　　上高は6,480百万円である。
　　４）連結貸借対照表の資本金は900百万円であり、連結損益計算書の売
　　　　上高は12,480百万円である。

《問２》Ｐ社とＳ社の連結貸借対照表上の棚卸資産の金額として次のうち、
　　　最も適切なものはどれか。
　　１）　　480百万円
　　２）1,280百万円
　　３）1,400百万円
　　４）1,520百万円

・解説と解答・

　連結会計とは、企業集団を単一の組織体とみなして財務諸表を作成すること
である。つまり、企業集団内の取引は内部取引等として相殺消去し、企業集団
外部との取引から財務諸表を作成する必要がある。本設例において、内部取引
等として相殺消去すべきものは、①Ｐ社からＳ社への出資、②Ｐ社からＳ社へ
の販売の２つである。
①Ｐ社からＳ社への出資

Ｐ社単体	Ｓ社単体	連結への修正仕訳 （単体の逆仕訳）
子会社株式　100百万円 ／現預金　100百万円		現預金　100百万円 ／子会社株式　100百万円
	現預金　100百万円 ／資本金　100百万円	資本金　100百万円 ／現預金　100百万円

　連結への修正仕訳をまとめると下記のようになり、これを「投資と資本の相殺消去」という（「連結財務諸表に関する会計基準」23）。

　　　　　　資本金　100百万円／子会社株式　100百万円

②P社からS社への販売

　「P社は製品をすべてS社に販売し、S社はP社から仕入れた製品のみを外部顧客に販売する」との前提と、貸借対照表上のP社売上債権500百万円・S社仕入債務500百万円から、P社からS社への製品の販売額6,000百万円のうち、5,500百万円はすでに現金で回収済みであることがわかり、次のような仕訳となる。

P社単体	S社単体	連結への修正仕訳 （単体の逆仕訳）
売掛金　6,000百万円 ／売上　6,000百万円 現預金　5,500百万円 ／売掛金　5,500百万円		売上　6,000百万円 ／売掛金　6,000百万円 売掛金　5,500百万円 ／現預金　5,500百万円
	仕入　6,000百万円 ／買掛金　6,000百万円 買掛金　5,500百万円 ／現預金　5,500百万円	買掛金　6,000百万円 ／仕入　6,000百万円 現預金　5,500百万円 ／買掛金　5,500百万円

　連結への修正仕訳をまとめると下記のようになり、これらを「売上と仕入の相殺消去」、「債権・債務の相殺消去」という（「連結財務諸表に関する会計基準」31、35）。なお、「仕入」は、損益計算書上の表示科目としては「売上原価」となる。

　　　　　　売　上　6,000百万円／仕　入　6,000百万円
　　　　　　買掛金　　500百万円／売掛金　　500百万円
　　　（現預金は貸方・借方が同額になるので仕訳は不要）

　また、S社の棚卸資産（在庫）は、仕入価格25百万円／台のものが24台残っているので600百万円とされているが、この仕入価格（25百万円）はP社・S社間の内部取引に適用されている価格でしかなく、グループ全体でみると、P社での製造原価20百万円／台を使用して棚卸資産（在庫）を算定すべきである。

　　S社単体の棚卸資産（在庫）額　　　：25百万円／台×24台＝600百万円
　　S社連結ベースの棚卸資産（在庫）額：20百万円／台×24台＝480百万円
　　この差額120百万円が棚卸資産（在庫）の過大評価になっているので、これ
を消去する必要がある。これを「未実現利益の消去」という（「連結財務諸表
に関する会計基準」36）。これにより、連結ベースの売上原価が120百万円増加
する。なお、連結への修正仕訳は下記のとおり。

売上原価120百万円／たな卸資産120百万円

	P社	S社	合計	連結修正	連結 財務諸表
現金・預金	200	40	240		240
売上債権	500	1,080	1,580	▲500	1,080
棚卸資産	800	600	1,400	▲120	1,280
その他流動資産	10	10	20		20
子会社株式	100	0	100	▲100	0
その他固定資産	1,300	400	1,700		1,700
資産合計	2,910	2,130	5,040	▲720	4,320
仕入債務	300	500	800	▲500	300
短期借入金	300	450	750		750
その他流動負債	10	10	20		20
長期借入金	1,100	1,000	2,100		2,100
負債合計	1,710	1,960	3,670		3,170
資本金	800	100	900	▲100	800
利益剰余金	400	70	470	▲120	350
純資産合計	1,200	170	1,370		1,150
負債・純資産合計	2,910	2,130	5,040	▲720	4,320

	P社	S社	合計	相殺消去	連結 財務諸表
売上高	6,000	6,480	12,480	▲6,000	6,480
売上原価	4,800	5,400	10,200	▲5,880 (▲6,000+120)	4,320
売上総利益	1,200	1,080	2,280	▲120	2,160
販売費及び一般管理費	930	800	1,730		1,730
営業利益	270	280	550		430
営業外費用	▲180	▲180	▲360		▲360
経常利益	90	100	190		70
税引前当期純利益	90	100	190		70
法人税等	▲27	▲30	▲57		▲57
当期純利益	63	70	133	▲120	13

　以上より、連結ベースの売上高は、S社から外部顧客への売上高30百万円・216台を適用して

$$30百万円／台×216台＝6,480百万円$$

　連結ベースの売上原価は、P社の製造原価20百万円／台を適用して

$$20百万円／台×216台＝4,320百万円$$

　連結ベースの棚卸資産は、P社に40台、S社に24台、合計64台あるので

$$20百万円／台×64台＝1,280百万円$$

《問1》

　連結貸借対照表の資本金は800百万円であり、連結損益計算書の売上高は6,480百万円である。

正解　1）

《問2》

　連結貸借対照表の棚卸資産の金額は、1,280百万円である。

正解　2）

6－3　収益性分析と安全性分析

《問》次の設例に基づき、各問に答えなさい。

――――――〈設　例〉――――――

　　X金融機関Y支店の担当者Mは、担当しているZ社の財務分析をしよう
としている。Mは、Z社の業績見通しを検証するためには、収益性分析を
行い、短期および長期の安全性分析を行う必要があると考えている。

《問1》資本利益率に基づく企業の収益性分析に関する次の記述のうち、
　　最も適切なものはどれか。
　1）資本利益率は投資効率を表す指標であり、投下資本に対する売上高
　　　の割合と、投下資本に対する利益の割合の積で表される。
　2）売上高利益率の低下は資本利益率の低下要因となるが、資本回転率
　　　の低下は資本利益率の低下要因とはならない。
　3）同一業種の中小企業と大企業を比較した場合、中小企業は、従業員
　　　1人当たりの固定資産が相対的に少なく、資本利益率が高くなる傾
　　　向がある。
　4）総資産経常利益率は、資本（資産）の運用効率の観点から企業の収
　　　益性を分析する指標として利用することはできるが、利幅の観点か
　　　ら企業の収益性を分析する指標として利用することはできない。

《問2》財務指標を用いた安全性分析に関する次の記述のうち、最も適切
　　なものはどれか。
　1）棚卸資産に不良在庫が含まれている場合、短期的安全性の分析に利
　　　用される当座比率は、実態より高く算定される。
　2）短期的安全性の分析において流動比率と当座比率を算定する場合
　　　は、拘束性預金（担保に供している預金）を流動資産または当座資
　　　産から控除して算定する必要がある。
　3）固定比率と固定長期適合率が時系列でみてともに上昇している企業
　　　は、長期的安全性が高まっているといえる。
　4）資産構成に基づく安全性分析においては、総資産に占めるたな卸資
　　　産の割合が同規模の同業他社と比べて低いほど、売上債権の貸倒リ
　　　スクが高いと判断される。

168

・解説と解答・

《問1》

1）不適切である。解説2）に記載のとおり、資本利益率（投資効率の指標）は、売上高利益率（利幅の指標）と資本回転率（資本の運用効率の指標）の積で表される。つまり、資本利益率は、投下資本に対する売上高の割合と、売上高に対する利益の割合の積で表される。

2）不適切である。資本利益率（投資効率の指標）は、売上高利益率（利幅の指標）と資本回転率（資本の運用効率の指標）の積で表される。つまり、下記の算式が成り立つ。

$$資本利益率（\%）＝\frac{利益}{資本}$$

$$＝\frac{利益}{売上高}×\frac{売上高}{資本}$$

$$＝売上高利益率（\%）×資本回転率（回）$$

　　売上高利益率の低下と資本回転率の低下は、いずれも資本利益率の低下要因となる。一方、資本利益率の低下は、売上高利益率と資本回転率の片方または両方の低下を要因として発生する。

3）適切である。資本利益率は、企業規模や企業特性（資本集約的企業または労働集約的企業等）によって異なり、企業規模や企業特性の異なる企業同士の資本利益率を比較した結果は、企業の投資効率の比較に直結するものではない。資本利益率は、企業規模が拡大するにつれて低下する傾向がある。また、同一業種の企業同士を比較した場合、労働集約的な企業では資本利益率が高くなる傾向があり、資本集約的な企業では資本利益率が低くなる傾向がある。一般に、中小企業は労働集約的であり、従業員1人当たりの固定資産が相対的に少なく、結果として資本利益率が高くなる傾向がある。一方、大企業は資本集約的であり、従業員1人当たりの固定資産が相対的に多く、結果として資本利益率が低くなる傾向がある。

4）不適切である。総資産経常利益率（経常利益÷総資産）は、資本利益率の1つであり、企業全体の観点から収益性を総合的に判定する指標として広く用いられている。総資産経常利益率は、資本（資産）の運用効率の指標である総資産回転率（売上高÷総資産（回））と、利幅の指標である売上高経常利益率（経常利益÷売上高（％））の積で表される。つまり、総資産経常利益率を用いることにより、資本（資産）の運用効率と利幅の両面

からの分析を総合して、企業全体の観点から収益性の分析を行うことが可能となる。

正解　3）

《問2》

1）不適切である。流動比率と当座比率は、いずれも短期的安全性の分析に利用される財務指標である。このうち流動比率は、売掛金に回収不能債権が含まれている場合や、棚卸資産に不良在庫が含まれている場合には、実態より高く算定される。一方、当座比率は、「（現金・預金＋受取手形・売掛金＋流動資産に表示された有価証券）÷流動負債（％）」により算出されるため、たな卸資産は当座比率に直接的な影響を及ぼさない。

2）適切である。満期まで1年超の定期性預金や担保に供している拘束性預金は、短期的に現金化できるとは限らないため、短期的安全性分析を行う際には、こうした預金の影響を排除したうえで、流動比率や当座比率を算定する必要がある。

3）不適切である。固定比率（固定資産÷自己資本（％））と固定長期適合率（固定資産÷（固定負債＋自己資本）（％））は、低いほど望ましいとされる。このため、固定比率や固定長期適合率を時系列でみて上昇している企業は、長期的安全性が高まっているとはいえない。固定資産は、安全性の高い返済不要の自己資本により賄われているべきであり、固定比率は100％以下であることが望ましいとされる。また、固定比率が100％超の場合であっても、固定資産は自己資本と固定負債の合計額の範囲内であるべきで、固定長期適合率は100％以下であることが望ましいとされる。

4）不適切である。総資産に占めるたな卸資産の割合を同規模の同業他社と比べた結果は、売上債権の貸倒リスクの高低と直接的な関係はない。資産構成に基づく安全性分析において、総資産に占めるたな卸資産や売上債権の割合が同規模の同業他社と比べて著しく高い場合は、それぞれ過剰在庫・不良在庫の有無、不良債権の有無（貸倒リスク）の状況を検証する必要がある。

正解　2）

6－4　付加価値分析

《問》次の設例に基づき、各問に答えなさい。

――〈設　例〉――

　X金融機関Y支店の担当者Mは、担当しているZ社について、日銀方式により総付加価値の計算をしようとしている。

〈Z社損益計算書〉　　　　　　　　（単位：百万円）

		当期
売上高		3,380
売上原価		2,320
	材料費	1,280
	労務費	410
	外注費	260
	減価償却費	80
	その他売上原価	290
売上総利益		1,060
販売費及び一般管理費		930
	人件費	450
	地代家賃	20
	減価償却費	40
	その他販売費及び一般管理費	420
営業利益		130
営業外収益		30
	受取利息配当金	10
	その他営業外収益	20
営業外費用		20
	支払利息	20
	その他営業外費用	0
経常利益		140
特別損益		0
税引前当期純利益		140
法人税等		50
当期純利益		90

※上記以外は考慮せず、各問に従うこと。

《問1》日銀方式により計算したＺ社の総付加価値として、次のうち最も適切なものはどれか。ただし、設例に記載のない事項については考慮しないものとする。
1）　　90百万円
2）　　140百万円
3）1,090百万円
4）1,160百万円

《問2》Ｚ社が、従業員数を減らして、１人当たりの人件費を高くした場合、その後の人件費に変動がなく、総付加価値にも影響がないとしたときの、付加価値によるＺ社の生産性の分析結果として、次のうち最も不適切なものはどれか。
1）付加価値労働生産性は上昇する。
2）付加価値率に変化はない。
3）労働装備率に変化はない。
4）設備生産性に変化はない。

・解説と解答・

《問1》
　日銀方式による総付加価値の算出方法は、「総付加価値＝経常利益＋人件費＋金融費用＋賃借料＋租税公課＋減価償却費」である。なお、理論上は、国内における総付加価値の合計がGDP（国内総生産）とされる。

〈Ｚ社損益計算書〉　　　　　　　　　　　（単位：百万円）

		当期	総付加価値
売上高		3,380	
売上原価		2,320	
	材料費	1,280	
	労務費	410	410
	外注費	260	
	減価償却費	80	80
	その他売上原価	290	
売上総利益		1,060	
販売費及び一般管理費		930	
	人件費	450	450
	地代家賃	20	20
	減価償却費	40	40
	その他販売費及び一般管理費	420	
営業利益		130	
営業外収益		30	
	受取利息配当金	10	
	その他営業外収益	20	
営業外費用		20	
	支払利息	20	20
	その他営業外費用	0	
経常利益		140	140
特別損益		0	
税引前当期純利益		140	
法人税等		50	
当期純利益		90	
	総付加価値		1,160

正解　4）

《問2》

1）適切である。分母の従業員数が減少するため、付加価値労働生産性は上昇する。

$$付加価値労働生産性（円／人）=\frac{付加価値額}{従業員数}$$

2）適切である。付加価値率に変化はない。

$$付加価値率（\%）=\frac{付加価値額}{売上高}$$

3）不適切である。分母の従業員数が減少するため、労働装備率は上昇する。

$$労働装備率（\%）=\frac{有形固定資産－建設仮勘定}{従業員数}$$

4）適切である。設備生産性に変化はない。

$$設備生産性（\%）=\frac{付加価値額}{有形固定資産－建設仮勘定}$$

<u>正解　3）</u>

6－5　金融商品の時価会計

《問》次の設例に基づき、各問に答えなさい。

---〈設　例〉---

　　X金融機関Y支店の担当者Mは、担当しているZ社の経営分析の一環と
して、Z社が保有している有価証券の期末評価額を試算した。

〈Z社が保有する有価証券に係る資料〉　　　　　　　　　（単位：万円）

有価証券	帳簿価額	期末時価	保有目的
A社株式	525	657	売買目的
B社債券	745	712	満期保有（帳簿価額と額面金額は一致）
C社株式	421	472	関係会社株式
D社株式	530	495	長期利殖目的

　※上記以外の条件は考慮せず、各問に従うこと。

《問１》金融商品の時価会計について説明した以下の文章の空欄①および
　　②にあてはまる語句の組合せとして、次のうち最も適切なものはどれ
　　か。

　　金融商品については、現在、すべての会社について、原則として時価
評価を行うこととされているが、その評価基準は個々の金融商品によっ
て異なっている。たとえば、売買目的有価証券については（　①　）、
関係会社株式については（　②　）をもって貸借対照表の価額とすると
されている。

　1）①時価　　②簿価
　2）①簿価　　②取得原価
　3）①時価　　②取得原価
　4）①簿価　　②時価

《問２》Z社が保有する有価証券の会計上の期末評価額として、適切なも
　　のをすべて選びなさい。

```
 1 ）　A社株式：525万円
 2 ）　B社債券：745万円
 3 ）　C社株式：472万円
 4 ）　D社株式：495万円
```

● 解説と解答 ●

《問1》

　金融商品については、現在、すべての会社について、原則として時価評価を行うこととされているが、下記のとおり金融商品ごとに評価基準は異なっている（「金融商品に関する会計基準」Ⅳ）。

・売買目的有価証券：時価の変動にあたる評価差額が企業にとっての財務活動の成果と考えられることから、（①時価）をもって貸借対照表の価額とし、その評価差額は当期の損益として計上する。

・満期保有目的の債券：企業が満期まで保有することを目的としている社債等については、時価が算定できるものであっても、満期まで保有することによる約定利息および元本の受取りを予定していることから、原則として取得原価をもって貸借対照表の価額とする。ただし、額面金額と異なる価額で取得した場合は、取得価額と額面金額の差額を調整した金額（償却原価）をもって貸借対照表価額とする。

・関係会社株式等：関係会社株式等は、他企業への影響力の行使を目的として保有する株式であることから、事業投資と同様の会計処理を行うことが適当であり、（②取得原価）をもって貸借対照表価額とする。

・その他有価証券：「売買目的有価証券」「満期保有目的の債券」「関係会社株式等」以外の有価証券は、時価をもって貸借対照表の価額とする。また、評価差額は全額を純資産の部に計上するか、評価差損の場合は当期の損失に計上することもできる。

・金銭債権：受取手形、売掛金、貸付金その他金銭債権は、取得価額または償却原価から貸倒引当金を控除した金額を貸借対照表の価額とする。

・特定金銭信託等やデリバティブ取引による債権：デリバティブ取引により生じる正味の債権は、時価をもって貸借対照表の価額とし、その評価差額は当期の損益として計上する。

正解　3 ）

《問2》

　有価証券の会計上の期末評価額は、保有目的によりその評価基準が異なっている（詳細は《問1》の解説参照）。

有価証券	保有目的	評価基準
A社株式	売買目的	時価：657万円
B社債券	満期保有	取得原価（帳簿価額）：745万円
C社株式	関係会社株式	取得原価（帳簿価額）：421万円
D社株式	長期利殖目的 （「その他有価証券」に該当）	時価：495万円

正解　2）、4）

6-6　会社法に基づく分配可能額

《問》次の設例に基づき、各問に答えなさい。

――――――〈設　例〉――――――

　Ｘ金融機関Ｙ支店の担当者Ｍは、会社法に基づく分配可能額に関する規定を確認するとともに、担当しているＺ社について分配可能額を試算しようとしている。

〈A社貸借対照表　純資産の部〉　　　　　（単位：百万円）

資本金	850	利益準備金	220
資本準備金	210	その他利益剰余金	310
その他資本剰余金	180	その他有価証券評価差額金	▲110
自己株式	▲90	純資産合計	1,570

※上記以外の条件は考慮せず、各問に従うこと。

《問1》会社法に基づく分配可能額に関する規定について説明した以下の文章の空欄①および②にあてはまる語句等の組合せとして、次のうち最も適切なものはどれか。

　資産の部にのれんが計上されている場合、「のれんの額の（　①　）と繰延資産の合計額」として計算される「のれん等調整額」に応じて、分配可能額を算出する際の減算項目が決定される。のれん等調整額が、「資本金及び資本準備金（または利益準備金）の合計額」（資本等金額という）以下の場合、この減算項目は（　②　）となる。

1）①2分の1　　②資本等金額からのれん等調整額を控除した額
2）①3分の2　　②資本等金額からのれん等調整額を控除した額
3）①2分の1　　②0（ゼロ）
4）①3分の2　　②0（ゼロ）

《問2》 Z社における会社法に基づく分配可能額として、次のうち最も適切なものはどれか。なお、Z社の貸借対照表の資産の部には、のれんは計上されていないものとする。
1）280百万円
2）290百万円
3）510百万円
4）520百万円

・解説と解答・

《問1》

　資産の部にのれんが計上されている場合、「のれんの額の（①2分の1）と繰延資産の合計額」として計算される「のれん等調整額」に応じて、分配可能額を算出する際の減算項目が決定される。のれん等調整額が、「資本金及び資本準備金（または利益準備金）の合計額」以下の場合、この減算項目は（②0（ゼロ））となる（会社計算規則158条、2条2項20号、会社法445条4項、461条）。

正解　3）

《問2》

　会社法による分配可能額は、貸借対照表の純資産の部に基づき、次の①または②により算出される。
① 「純資産合計－資本金－資本準備金－利益準備金」
　1,570百万円－850百万円－210百万円－220百万円＝290百万円

② 「その他資本剰余金＋その他利益剰余金＋その他有価証券評価差額金（マイナスの場合のみ）＋自己株式」
　180百万円＋310百万円＋▲110百万円＋▲90万円＝290百万円

正解　2）

6 - 7 財務会計と税務会計 (I)

《問》次の設例に基づき、各問に答えなさい。

――――――――――〈設 例〉――――――――――

X金融機関Y支店の担当者Mは、法人税申告書の分析方法を勉強しようとしているものの、どのように進めればよいか悩んでいた。そこで、Mの上司であるA課長にアドバイスを求めた。以下は、MとA課長との会話である。

M ：法人税申告書別表四「所得の金額の計算に関する明細書（簡易様式）」の見方について教えていただきたいのですが、たとえば「減価償却の償却超過額」欄の金額はどのように理解したらよいのでしょうか。

A課長：減価償却の仕組みについては理解していると思うが、税務会計上、固定資産の耐用年数や償却方法は法人税法で定められているため、法人税を計算するうえで減価償却額の事業年度の限度額は必然的に決まることになる。一方、財務会計上は減価償却額に限度がないため、たとえば当期初に100百万円で取得した固定資産（税法上の耐用年数 5 年、定額法で償却）を、実際の使用期間である 4 年で定額償却した場合、法人税法上、当年度の「減価償却の償却超過額」の金額は（ ① ）百万円となる。

M ：では、「納税充当金から支出した事業税等の金額」欄の金額はどうでしょうか。

A課長：「納税充当金から支出した事業税等の金額」が意味する内容であるが、事業税は法人税と同様、法人所得に課された税金であるものの、当期に実際に支払った事業税は（ ② ）損金算入できることとなっているので、未払法人税等から処理した金額のなかに事業税が含まれている場合、その額を本欄に記入して所得の金額から減算する。

M ：よくわかりました。税法についてさらに勉強していきます。

※上記以外の条件は考慮せず、各問に従うこと。

《問1》設例の空欄①にあてはまる数値として、次のうち最も適切なもの
はどれか。
1）4　　　2）5　　　3）20　　　4）25

《問2》設例の空欄②にあてはまる文章として、次のうち最も適切なもの
はどれか。
1）支払った年度に支払った額の80％を
2）支払った翌年度に支払った額の全額を
3）申告した翌年度に支払った額の80％を
4）申告した年度に支払った額の全額を

・解説と解答・

《問1》
法人税法上の毎年の償却限度額＝100百万円÷5年＝20百万円
4年で定額償却した場合の償却額＝100百万円÷4年＝25百万円
当年度の減価償却の償却超過額＝25百万円－20百万円＝5百万円

正解　2）

《問2》
　納税充当金から支出した事業税等の金額とは、前期に見積計上した納税充当
金のうち、当期に納付した事業税の金額のことである。事業税は、納付時に損
金として認められるので、法人税の申告書の別表四では、損金経理をした納税
充当金から減算する項目として記載される。
　事業税などの申告書方式による租税については、納税申告書を提出した事業
年度に、全額を損金に算入する（タックスアンサー No.5300、法人税法基本通
達9－5－2）。

正解　4）

6-8　財務会計と税務会計（Ⅱ）

《問》次の設例に基づき、各問に答えなさい。

――〈設　例〉――

　　Ｘ金融機関Ｙ支店の担当者Ｍは、法人税申告書の分析方法を勉強しようとしているものの、どのように進めればよいか悩んでいた。そこで、Ｍの上司であるＡ課長にアドバイスを求めた。以下は、ＭとＡ課長との会話である。

> Ｍ　　：法人税申告書別表四「所得の金額の計算に関する明細書（簡易様式）」の見方について教えていただきたいのですが、たとえば「交際費等の損金不算入額」欄の金額はどのように理解したらよいのでしょうか。
>
> Ａ課長：取引先の接待や贈答にかかわる費用である「交際費」については、損金算入にあたり、<u>（①）期末時点の資本金の額に応じて税法上一定の制限が設けられている</u>。
>
> Ｍ　　：では、「受取配当等の益金不算入額」欄の金額はどうでしょうか。
>
> Ａ課長：「受取配当等の益金不算入額」が意味する内容であるが、内国法人から受け取った配当金は、税金の二重課税を排除するという目的で課税所得から除かれることになっている。たとえば、株式保有割合が5％以下である非支配目的株式等から受け取った配当金については、「（　②　）」と決められている。
>
> Ｍ　　：よくわかりました。税法についてさらに勉強していきます。

　　※上記以外の条件は考慮せず、各問に従うこと。

《問1》設例の下線部①に関連して、当期末時点で資本金1億円以下の法人が交際費等支出額のうち損金に算入することができる金額として、次のうち最も適切なものはどれか。

1）「交際費等のうち飲食のために支出する費用の50％」または「800万円×その年度の月数÷12」

2）「交際費等のうち飲食のために支出する費用の60%」または「700万
円×その年度の月数÷12」

3）「交際費等のうち飲食のために支出する費用の70%」または「600万
円×その年度の月数÷12」

4）「交際費等のうち飲食のために支出する費用の80%」または「500万
円×その年度の月数÷12」

《問2》設例の空欄②にあてはまる語句等として、次のうち最も適切なも
のはどれか。

1）全額益金不算入
2）益金不算入割合20%
3）益金不算入割合50%
4）益金不算入割合100%

● 解説と解答 ●

《問1》

　交際費等とは、交際費、接待費、機密費その他の費用で、法人が、その得意
先、仕入先その他事業に関係のある者などに対する接待、供応、慰安、贈答そ
の他これらに類する行為のために支出するものをいう。

　当期末時点で資本金1億円以下の会社の場合、「交際費等のうち飲食のため
に支出する費用の50%」または「800万円×その年度の月数÷12」までの金額
のいずれかを選択して損金に算入することができる（租税特別措置法61条の
4）。なお、2024（令和6）年度税制改正で、交際費等から除かれる飲食費等
が一人当たり「5,000円以下」から「10,000円以下」に拡充される。

正解　1）

《問2》

　法人株主がほかの内国法人から配当金を受け取った場合、これらは課税済の
利益から支払われ、支払法人との二重課税を防止する観点から「受取配当等の
益金不算入」という制度が設けられている。受取配当が益金不算入となる割合
は、法人株主の保有割合に応じて異なっており、
①保有割合100%は益金不算入割合100%、
②保有割合3分の1超〜100%未満は益金不算入割合100%（ただし、配当額か

　ら負債利子を控除する）、
③保有割合5％超～3分の1以下は益金不算入割合50％、
④保有割合5％以下は益金不算入割合20％となる（法人税法23条、同法施行令
　22条の2、22条の3）。

正解　2）

6－9　税効果会計の適用に係る仕訳

《問》次の設例に基づき、各問に答えなさい。

――――――〈設　例〉――――――

- ・〈資料〉は、Ｚ社の20X1年3月期における会計上の税引前当期純利益と税務上の課税所得の差異を生じさせる項目をまとめたものである。
- ・Ｚ社の決算日は、3月31日である。
- ・会計上の税引前当期純利益と税務上の課税所得の差異を生じさせる各項目のうち、一時差異である項目の金額は翌年度中に解消される予定である。
- ・Ｚ社の翌年度の課税所得はプラスとなる予定で、十分な金額が見込まれている。
- ・Ｚ社の20X1年3月期における法人税、住民税および事業税をあわせた法定実効税率は30％である。

〈資料〉Ｚ社　20X1年3月期　　（単位：千円）

項目	金額
寄付金の損金不算入額	2,000
減価償却の償却超過額	2,500
貸倒引当金繰入超過額	1,500
特別償却準備金	3,300
繰越欠損金	1,700
計	11,000

※上記以外の条件は考慮せず、各問に従うこと。

《問1》上記の〈資料〉に記載の項目のなかで、「将来減算一時差異」として取り扱うことができる金額の合計額として、次のうち最も適切なものはどれか。

1）4,000千円　　2）5,700千円　　3）7,300千円　　4）9,000千円

《問2》税効果会計を適用するにあたってのZ社における仕訳の内容として、次のうち最も適切なものはどれか。

	借方	貸方
1)	繰延税金資産　　720千円	法人税等調整額　　720千円
2)	繰延税金資産　1,710千円	法人税等調整額　1,710千円
3)	繰延税金資産　1,710千円 法人税等調整額　990千円	法人税等調整額　1,710千円 繰延税金負債　　990千円
4)	繰延税金資産　2,700千円	繰延税金負債　　990千円 法人税等調整額　1,710千円

・解説と解答・

《問1》

〈資料〉にある項目のうち、「将来減算一時差異」として取り扱うことができる項目は「減価償却の償却超過額」、「貸倒引当金繰入超過額」および「繰越欠損金」の3つであるため、

∴将来減算一時差異＝2,500千円＋1,500千円＋1,700千円＝5,700千円

なお、寄付金は、企業会計上は全額が費用となるが、税務上は一般寄付金の損金算入額については上限が設けられている（法人税法37条1項、2項）。そのため、寄付金の損金不算入額は、会計上と税務上で費用計上の範囲が異なる「永久差異」となる。また、特別償却準備金は、租税特別措置法に基づく準備金であり、所定の事由に該当することとなった場合に益金に算入することから、「将来加算一時差異」となる（租税特別措置法52条の3、「税効果会計に係る会計基準」第二-一-3、注3）。また、繰越欠損金は、将来の課税所得と相殺が可能となるため、「将来減算一時差異」と同様に取り扱うことができる（「税効果会計に係る会計基準」第二-一-4）。

正解　2）

《問2》

税効果会計を適用することができるのは「一時差異」のみであり、将来減算一時差異・将来加算一時差異の両方を加味し、相殺して表示する必要がある。

186

また、一時差異に係る税金の額は、「繰延税金資産」または「繰延税金負債」
として計上し、繰延税金資産と繰延税金負債の差額を期首と期末で比較した増
減額は、「法人税等調整額」として計上する（「税効果会計に係る会計基準」第
二-二、第三-2、）。

Ｚ社の法定実効税率は30％なので、

繰延税金資産＝5,700千円×30％＝1,710千円

繰延税金負債＝特別償却準備金3,300千円×30％＝990千円

法人税等調整額＝1,710千円－990千円＝720千円

繰延税金資産と繰延税金負債は相殺するので、仕訳は下記のようになる。
　（借方）繰延税金資産　　720千円　／　（貸方）法人税等調整額　　720千円

正解　　1）

6－10　売掛金・買掛金残高の算出

《問》次の設例に基づき、各問に答えなさい。

――――――――〈設　例〉――――――――

　　X金融機関Y支店の担当者Mは、担当しているZ社の資金繰りを分析する一環として、以下の〈Z社の売掛金、買掛金残高に関する資料〉を基に、Z社の20XX年11月末の売掛金および買掛金残高を試算することにした。

〈Z社の売掛金、買掛金残高に関する資料〉　　　　　　（単位：千円）

売掛金　20XX年10月末残高	153,680	買掛金　20XX年10月末残高	110,533
20XX年11月　月間掛売上高	65,155	20XX年11月　月間掛仕入高	54,556
20XX年11月　月間現金売上高	37,937	20XX年11月　月間現金仕入高	33,369
20XX年11月　月間売掛金現金回収	25,675	20XX年11月　月間買掛金現金支払	23,934
20XX年11月　月間売掛金手形回収	38,561	20XX年11月　月間買掛金手形支払	31,509
20XX年11月　月間受取手形決済	31,687	20XX年11月　月間支払手形決済	20,110
売掛金　20XX年11月末残高	（　①　）	買掛金　20XX年11月末残高	（　②　）

　※上記以外の条件は考慮せず、各問に従うこと。

《問1》資料の空欄①に入る数値として、次のうち最も適切なものはどれか。
　1）110,256（千円）
　2）131,433（千円）
　3）154,599（千円）
　4）167,431（千円）

《問2》資料の空欄②に入る数値として、次のうち最も適切なものはどれか。
　1）　87,010（千円）
　2）　98,709（千円）
　3）109,646（千円）
　4）111,056（千円）

● 解説と解答 ●

《問1》

売掛金残高は、次の算式により求める。

11月末売掛金残高＝10月末売掛金残高＋11月月間掛売上高
    −(11月月間売掛金現金回収＋11月月間売掛金手形回収)
    ＝153,680千円＋65,155千円−(25,675千円＋38,561千円)
    ＝154,599千円

正解　3)

《問2》

買掛金残高は、次の算式により求める。

11月末買掛金残高＝10月末買掛金残高＋11月月間掛仕入高
    −(11月月間買掛金現金支払＋11月月間買掛金手形支払)
    ＝110,533千円＋54,556千円−(23,934千円＋31,509千円)
    ＝109,646千円

正解　3)

6-11 損益分岐点分析

《問》次の設例に基づき、各問に答えなさい。

――――〈設 例〉――――

　X金融機関Y支店の担当者Mは、担当しているZ社からヒアリングした〈Z社総費用の内訳に関する資料〉を基に、Z社の損益分岐点分析を行おうとしている。なお、Z社の売上高は18,500百万円とする。また、問題の性質上、明らかにできない部分は「□□□」で示してある。

〈Z社総費用の内訳に関する資料〉　（単位：百万円）

	金額	うち変動費
直接材料費	5,455	5,455
直接労務費	2,882	720
直接経費	2,050	1,203
間接材料費	1,895	1,895
間接労務費	1,411	775
間接経費	1,025	410
販売費	1,210	1,039
一般管理費	954	238
費用合計	16,882	□□□

※上記以外の条件は考慮せず、各問に従うこと。

《問1》Z社の変動費率として、次のうち最も適切なものはどれか。なお、答は%表示とし、小数点以下第2位を四捨五入すること。
　1）46.3%　　　2）55.7%　　　3）63.4%　　　4）71.5%

《問2》Z社の損益分岐点売上高として、次のうち最も適切なものはどれか。なお、答は百万円単位とし、百万円未満を四捨五入すること。
　1）13,962百万円
　2）14,063百万円

190

 3 ）15,744百万円
 4 ）16,882百万円

• 解説と解答 •

《問 1 》
変動費＝5,455百万円＋720百万円＋1,203百万円＋1,895百万円＋775百万円
　　　　＋410百万円＋1,039百万円＋238百万円
　　　＝11,735百万円
∴変動費率＝変動費÷売上高
　　　　　＝11,735百万円÷18,500百万円
　　　　　＝63.43…％≒63.4％

正解　 3 ）

《問 2 》
固定費＝費用合計－変動費合計
　　　＝16,882百万円－11,735百万円
　　　＝5,147百万円

損益分岐点売上高＝固定費÷（ 1 －変動費率）
　　　　　　　　＝5,147百万円÷（ 1 －63.4％）
　　　　　　　　＝14,062.8…百万円≒14,063百万円

正解　 2 ）

6－12　資金移動表の作成

《問》次の設例に基づき、各問に答えなさい。

――――〈設　例〉――――

〈Z社貸借対照表〉　　　　　　　　　　　　　　　（単位：百万円）

資産の部	前期末	当期末	負債・純資産の部	前期末	当期末
現金・預金	1,020	730	支払手形・買掛金	820	1,080
受取手形・売掛金	1,170	1,820	未払費用	10	20
貸倒引当金	▲100	▲90	未払法人税等	70	130
棚卸資産	530	1,090	短期借入金	420	1,180
その他流動資産	480	755	長期借入金	1,290	2,330
有形固定資産	1,870	2,550	退職給付引当金	215	385
無形固定資産	90	82	資本金	545	545
投資等	420	950	剰余金	2,130	2,230
繰延資産	20	13	（うち当期純利益）	(363)	(379)
資産計	5,500	7,900	負債・純資産計	5,500	7,900

〈Ｚ社損益計算書〉（単位：百万円）

	当期末
売上高	5,950
売上原価	4,410
売上総利益	1,540
減価償却費	295
繰延資産償却	7
その他経費	993
営業利益	245
営業外費用	65
税引前当期純利益	180
法人税等	80
当期純利益	100

〈Ｚ社資金移動表〉（単位：百万円）

	当期末
売上高	5,950
売上債権増加額	（　①　）
その他流動資産増加額	□□□
経常収入	□□□
売上原価	4,410
販売費及び一般管理費	1,295
営業外費用	65
棚卸資産増加額	□□□
仕入債務増加額	（　②　）
未払費用増加額	▲10
減価償却費	□□□
繰延資産償却	▲7
引当金増加額	（　③　）
経常支出	□□□
経常収支	（　④　）

※上記以外の条件は考慮せず、各問に従うこと。

《問1》資料の空欄①に入る数値として、次のうち最も適切なものはどれか。
1）▲860（百万円）　2）▲650（百万円）　3）650（百万円）
4）860（百万円）

《問2》資料の空欄②に入る数値として、次のうち最も適切なものはどれか。
1）▲260（百万円）　2）▲110（百万円）　3）110（百万円）
4）260（百万円）

《問3》資料の空欄③に入る数値として、次のうち最も適切なものはどれか。
1）▲270（百万円）　2）▲160（百万円）　3）160（百万円）
4）270（百万円）

《問4》資料の空欄④に入る数値として、次のうち最も適切なものはどれか。
1）▲573（百万円）　2）▲351（百万円）　3）▲174（百万円）
4）14（百万円）

● 解説と解答 ●

《問1》※割引手形がある場合は、加算する。
売上債権増加額＝▲（当期売上債権－前期売上債権）
　　　　　　　＝▲（1,820百万円－1,170百万円）
　　　　　　　＝▲650百万円

正解　2）

《問2》
仕入債務増加額＝▲（当期仕入債務－前期仕入債務）
　　　　　　　＝▲（1,080百万円－820百万円）
　　　　　　　＝▲260百万円

正解　1）

《**問3**》※退職給付引当金と貸倒引当金の両方を加味する。

引当金増加額＝▲｛(当期退職給付引当金－当期貸倒引当金)

　　　　　　　　－(前期退職給付引当金－前期貸倒引当金)｝

　　　　　　＝▲｛(385百万円－▲90百万円)－(215百万円－▲100百万円)｝

　　　　　　＝▲160百万円

正解　2）

《**問4**》

・その他流動資産増加額＝▲(当期その他流動資産－前期その他流動資産)

　　　　　　　　　　　　＝▲(755百万円－480百万円)

　　　　　　　　　　　　＝▲275百万円

・経常収入＝売上高＋売上債権増加額＋その他流動資産増加額

　　　　　＝5,950百万円＋▲650百万円＋▲275百万円

　　　　　＝5,025百万円

・棚卸資産増加額＝当期棚卸資産－前期棚卸資産

　　　　　　　　＝1,090百万円－530百万円

　　　　　　　　＝560百万円

・減価償却費＝▲295百万円（当期損益計算書より）

　※減価償却費は支出を伴わない費用のため、マイナス。

・経常支出＝売上原価＋…＋引当金増加額

　　　　　＝5,598百万円

∴経常収支＝経常収入－経常支出

　　　　　＝5,025百万円－5,598百万円

　　　　　＝▲573百万円

正解　1）

6 － 13　所要運転資金の算出

《問》次の設例に基づき、各問に答えなさい。

――――――――――〈設　例〉――――――――――

　X金融機関Y支店の担当者Mは、〈Z社所要運転資金に関する資料〉を基に、担当しているZ社の所要運転資金を試算しようとしている。

〈Z社所要運転資金に関する資料〉

平均月商	230百万円		
回収条件	売掛期間	現金回収割合	手形回収サイト
	1.5カ月	25％	2.0カ月
支払条件	買掛期間	現金支払割合	手形支払サイト
	1.0カ月	0％	3.0カ月
在庫保有量	平均月商の2.5カ月分		
仕入価格	売価の80％		

※Z社の売上はすべて掛売上とし、現金売上はないものとする。

※Z社の仕入はすべて掛仕入とし、現金仕入はないものとする。

※上記以外の条件は考慮せず、各問に従うこと。

《問1》Z社の受取手形残高として、次のうち最も適切なものはどれか。
　なお、答は百万円単位とし、百万円未満を四捨五入すること。
　1）178百万円　　2）266百万円　　3）345百万円　　4）440百万円

《問2》Z社の支払手形残高として、次のうち最も適切なものはどれか。
　なお、答は百万円単位とし、百万円未満を四捨五入すること。
　1）230百万円　　2）332百万円　　3）495百万円　　4）552百万円

《問3》Z社の所要運転資金として、次のうち最も適切なものはどれか。
　なお、答は百万円単位とし、百万円未満を四捨五入すること。
　1）386百万円　　2）448百万円　　3）529百万円　　4）634百万円

• 解説と解答 •

《問1》

受取手形残高＝平均月商×手形回収割合×手形回収サイト

$\quad\quad\quad\quad\quad$ ＝230百万円×（1－25％）×2.0カ月

$\quad\quad\quad\quad\quad$ ＝345百万円

正解　3）

《問2》

支払手形残高＝平均月商×仕入原価率×手形支払割合×手形支払サイト

$\quad\quad\quad\quad\quad$ ＝230百万円×80％×（1－0％）×3.0カ月

$\quad\quad\quad\quad\quad$ ＝552万円

正解　4）

《問3》

所要運転資金＝（売掛金残高＋受取手形残高）＋在庫残高－（買掛金残高

$\quad\quad\quad\quad\quad\quad$ ＋支払手形残高）より、

・売掛金残高＝平均月商×売掛期間

$\quad\quad\quad\quad$ ＝230百万円×1.5カ月

$\quad\quad\quad\quad$ ＝345百万円

・在庫残高＝平均月商×在庫期間

$\quad\quad\quad\quad$ ＝230百万円×2.5カ月

$\quad\quad\quad\quad$ ＝575百万円

・買掛金残高＝平均月商×仕入原価率×買掛期間

$\quad\quad\quad\quad$ ＝230百万円×80％×1.0カ月

$\quad\quad\quad\quad$ ＝184百万円

∴所要運転資金＝（345百万円＋345百万円）＋575百万円－（184百万円

$\quad\quad\quad\quad\quad\quad$ ＋552百万円）

$\quad\quad\quad\quad$ ＝529百万円

正解　3）

6－14　キャッシュ・フロー計算書の作成

《問》次の設例に基づき、各問に答えなさい。

――――――〈設　例〉――――――

　X金融機関Y支店の担当者Mは、担当しているZ社から入手した以下の決算書を基に、Z社の当期キャッシュ・フロー計算書を作成しようとしている。なお、問題の性質上、明らかにできない部分は「□□□」で示してある。

〈Z社貸借対照表〉　　　　　　　　　　　　　　　（単位：百万円）

資産の部	前期末	当期末	負債・純資産の部	前期末	当期末
現金・預金	740	450	仕入債務	320	540
売上債権	740	990	短期借入金	360	760
棚卸資産	590	930	未払法人税等	20	30
未収利息配当金	10	0	未払費用（※）	30	20
その他流動資産	190	260	その他流動負債	190	300
建物・構築物	360	690	長期借入金	500	1,040
機械装置等	250	510	社債	110	210
土地	420	790	その他固定負債	70	80
その他有形固定資産	40	60	資本金	150	150
投資有価証券	150	250	資本剰余金	980	980
			利益剰余金	760	820
			（当期純利益）	(50)	(60)
資産合計	3,490	4,930	負債・純資産合計	3,490	4,930

※未払費用は、全額が未払利息であるものとする。

〈Ｚ社損益計算書〉　　（単位：百万円）

	当期末
売上高	3,380
売上原価	2,320
材料費	1,280
労務費	410
外注費	260
減価償却費	80
その他売上原価	290
売上総利益	1,060
販売費及び一般管理費	930
人件費	450
運賃荷造費	20
減価償却費	40
その他販売費及び一般管理費	420
営業利益	130
営業外収益	40
受取利息配当金	10
仕入割引	10
その他営業外収益	20
営業外費用	30
支払利息	20
売上割引	10
その他営業外費用	0
経常利益	140
特別利益	10
有形固定資産売却益	0
投資有価証券売却益	10
特別損失	40
有形固定資産売却損	30
有形固定資産除却損	10
税引前当期純利益	110
法人税等	50
当期純利益	60

〈Ｚ社キャッシュ・フロー計算書〉　（単位：百万円）

	当期
営業活動によるキャッシュ・フロー	（　①　）
税引前当期純利益	110
減価償却費	120
受取利息配当金	▲10
支払利息	20
有形固定資産売却損	30
有形固定資産除却損	10
投資有価証券売却益	▲10
売上債権増減額	□□□
棚卸資産増減額	□□□
仕入債務増減額	□□□
その他流動資産増減額	□□□
その他流動負債増減額	110
その他固定負債増減額	10
小計	□□□
利息及び配当金の受取額	□□□
利息の支払額	▲30
法人税等の支払額	□□□
投資活動によるキャッシュ・フロー	（　②　）
有形固定資産の取得による支出	□□□
有形固定資産の売却による収入	200
投資有価証券の取得による支出	▲200
投資有価証券の売却による収入	110
財務活動によるキャッシュ・フロー	1,040
現金および現金同等物の増減額	▲290
現金および現金同等物の期首残高	740
現金および現金同等物の期末残高	450

※なお、当期において、以下の事象が発生している。
・有形固定資産の売却により、現金200百万円を受領。
・投資有価証券の売却により、現金110百万円を受領。
※上記以外の条件は考慮せず、各問に従うこと。

《問1》空欄①に入る数値として、次のうち最も適切なものはどれか。
1）▲100（百万円）　2）▲30（百万円）　3）75（百万円）
4）155（百万円）

《問2》空欄②に入る数値として、次のうち最も適切なものはどれか。
1）▲1,320（百万円）　2）▲1,230（百万円）　3）▲1,100（百万円）
4）▲960（百万円）

・解説と解答・

《問1》
貸借対照表より、
・売上債権増減額＝▲（当期末売上債権－前期末売上債権）
　　　　　　　　＝▲（990百万円－740百万円）
　　　　　　　　＝▲250百万円
・棚卸資産増減額＝▲（当期末たな卸資産－前期末たな卸資産）
　　　　　　　　＝▲（930百万円－590百万円）
　　　　　　　　＝▲340百万円
・仕入債務増減額＝当期末仕入債務－前期末仕入債務
　　　　　　　　＝540百万円－320百万円
　　　　　　　　＝220百万円
・その他流動資産増減額＝▲（当期末その他流動資産－前期末その他流動資産）
　　　　　　　　　　　＝▲（260百万円－190百万円）
　　　　　　　　　　　＝▲70百万円

・小計＝税引前当期純利益＋…＋その他固定負債増減額
　　　＝▲50百万円

貸借対照表および損益計算書より、

・利息及び配当金の受取額＝前期末未収利息配当金＋当期末受取利息配当金

－当期末未収利息配当金

＝10百万円＋10百万円－0百万円＝20百万円

・法人税等の支払額＝▲(前期末未払法人税等＋当期法人税等

－当期末未払法人税等)

＝▲(20百万円＋50百万円－30百万円)＝▲40百万円

∴営業活動によるキャッシュ・フロー＝小計＋…＋法人税等の支払額

＝▲100百万円…①

正解　1)

《問2》

貸借対照表および損益計算書より、有形固定資産は「建物・構築物」、「機械装置等」、「土地」、「その他有形固定資産」なので、

・有形固定資産の取得による支出

＝▲(当期末有形固定資産－前期末有形固定資産＋当期有形固定資産減価償却費＋当期有形固定資産の売却による収入－当期有形固定資産売却益＋当期有形固定資産売却損＋当期有形固定資産除却損)

＝▲{(690百万円＋510百万円＋790百万円＋60百万円)－(360百万円＋250百万円＋420百万円＋40百万円)＋120百万円＋200百万円－0百万円＋30百万円＋10百万円}

＝▲1,340百万円

∴投資活動によるキャッシュ・フロー

＝有形固定資産の取得による支出＋有形固定資産の売却による収入＋投資有価証券の取得による支出＋投資有価証券の売却による収入

＝▲1,340百万円＋200百万円＋▲200百万円＋110百万円

＝▲1,230百万円…②

正解　2)

6−15 キャッシュ・フローと正味現在価値（NPV）の算出

《問》次の設例に基づき、各問に答えなさい。

――――――〈設 例〉――――――

X金融機関Y支店の担当者Mは、以下の資料等に基づき、担当している
Z社のキャッシュ・フローについて分析を行おうとしている。

〈回転期間〉

売上債権　2.0カ月
棚卸資産　2.5カ月
支払債務　3.0カ月

〈資料1〉 （単位：百万円）

年度	前期	当期	年度	前期	当期
売上債権	1,267	□□□	売上高	7,600	7,980
棚卸資産	1,583	□□□	純利益	765	780
仕入債務	1,900	□□□	減価償却費	265	270

〈資料2〉 投資プロジェクトの初期投資額と今後5年間の年度別キャッシュ・フロー予測 （単位：百万円）

	現在	1年度	2年度	3年度	4年度	5年度
投資額	5,500	—	—	—	—	—
キャッシュ・フロー予測	—	1,000	1,200	1,500	2,300	2,500
各年度の現価係数（割引率5％の場合）	1.00	0.95	0.91	0.86	0.82	0.78

※上記以外の条件は考慮せず、各問に従うこと。また、問題の性質上、明らかにできない部分は「□□□」で示してある。

《問1》当期のキャッシュ・フローの値として、最も適切なものはどれか。
答は百万円単位とし、百万円未満を四捨五入すること。
1） 463百万円
2） 733百万円
3） 813百万円
4）1,003百万円

《問2》〈資料2〉の投資プロジェクトの今後5年間のキャッシュ・フロー
予測を踏まえた正味現在価値（NPV）として、最も適切なものはどれ
か。答は百万円単位とし、百万円未満を四捨五入すること。なお、正味
現在価値の計算には、割引率が将来にわたって5％で一定であると仮定
した場合の現価係数を各年度において用いること。
1）▲218百万円
2） 576百万円
3） 718百万円
4）1,668百万円

● 解説と解答 ●

《問1》
　当期の売上高と各種の回転期間からそれぞれの残高を求める。
・売上債権残高　7,980百万円÷12カ月×2.0カ月＝1,330百万円
・棚卸資産残高　7,980百万円÷12カ月×2.5カ月＝1,662.5百万円
・仕入債務残高　7,980百万円÷12カ月×3.0カ月＝1,995百万円

　当期のキャッシュ・フロー
＝当期純利益＋減価償却費－売上債権増加額－棚卸資産増加額＋仕入債務増
　加額
＝780百万円＋270百万円－（1,330百万円－1,267百万円）－（1,662.5百万円－
　1,583百万円）＋（1,995百万円－1,900百万円）
＝1,002.5百万円→1,003百万円

正解　4）

《問 2 》
　設備投資の妥当性を判断する経済性計算の方法には、回収期間法、会計的利益率法、現在価値法などがある。このうち現在価値法は将来の現在価値を引き直して投資の良否を判断する方法で、実務上はホテルの新築等のプロジェクトの評価などに用いられ、この現在価値法には「正味現在価値法」と「内部利益率法」という 2 つの方法がある。

　正味現在価値（NPV）とは、投資により得られる一連のキャッシュ・フローをある一定の割引率で割り引いた現在価値の合計が、投資額を上回った場合に投資価値があると判断する投資判断指標である。

$$NPV = \frac{CF_1}{(1+x)} + \frac{CF_2}{(1+x)^2} + \cdots + \frac{CF_n}{(1+x)^n} - I$$
（*CF*：キャッシュ・フロー、*x*：割引率、*I*：投資額）

・ 1 年度のキャッシュ・フローの現在価値
　＝ 1 年度のキャッシュ・フロー× 1 年度の現価係数
　＝1,000百万円×0.95
　＝950百万円…①
・ 2 年度のキャッシュ・フローの現在価値
　＝ 2 年度のキャッシュ・フロー× 2 年度の現価係数
　＝1,200百万円×0.91
　＝1,092百万円…②
・ 3 年度のキャッシュ・フローの現在価値
　＝ 3 年度のキャッシュ・フロー× 3 年度の現価係数
　＝1,500百万円×0.86
　＝1,290百万円…③
・ 4 年度のキャッシュ・フローの現在価値
　＝ 4 年度のキャッシュ・フロー× 4 年度の現価係数
　＝2,300百万円×0.82
　＝1,886百万円…④
・ 5 年度のキャッシュ・フローの現在価値
　＝ 5 年度のキャッシュ・フロー× 5 年度の現価係数
　＝2,500百万円×0.78
　＝1,950百万円…⑤

204

・プロジェクトへの初期投資額＝5,500百万円…⑥

・プロジェクトの正味現在価値（NPV）
　＝(①＋②＋③＋④＋⑤)－⑥
　＝(950百万円＋1,092百万円＋1,290百万円＋1,886百万円＋1,950百万円)
　　－5,500百万円
　＝1,668百万円

正解　4)

6－16　粉飾発見のポイント

《問》次の設例に基づき、各問に答えなさい。

――〈設　例〉――

　X金融機関Y支店の担当者Mは、担当しているZ社について、「在庫の水増し（在庫の過大計上）」、「架空売上の計上」による粉飾が行われているのではないかと疑念を抱いている。

〈Z社貸借対照表〉　　　　　　　　　　　　　　　　（単位：百万円）

資産の部	前期末	当期末 （粉飾前）	負債・純資産の部	前期末	当期末 （粉飾前）
現金・預金	1,200	740	仕入債務	600	540
売上債権	800	980	短期借入金	800	1,200
棚卸資産	400	590	未払法人税	2	3
その他流動資産	100	100	その他流動負債	298	280
固定資産	2,070	2,640	長期借入金	1,200	1,350
			資本金	1,000	1,000
			利益剰余金	670	677
資産合計	4,570	5,050	負債・純資産合計	4,570	5,050

〈Z社損益計算書（粉飾前）〉　　（単位：百万円）

	当期
売上高	3,440
売上原価	2,320
売上総利益	1,120
販売費及び一般管理費 （うち、減価償却費320）	930
営業利益	190
営業外費用	180
経常利益	10
税引前当期純利益	10
法人税等	3
当期純利益	7

〈Z社キャッシュ・フロー計算書（粉飾前）〉　（単位：百万円）

	当期
営業活動によるキャッシュ・フロー	▲ 120
投資活動によるキャッシュ・フロー	▲ 890
財務活動によるキャッシュ・フロー	550
現金及び現金同等物の当期増減額	▲ 460
現金及び現金同等物の期首残高	1,200
現金及び現金同等物の期末残高	740

※上記以外の条件は考慮せず、各問に従うこと。

《問1》上記の「粉飾前」の決算書に、「当期末の棚卸資産を200百万円水増し（過大計上）」した場合について説明した次の記述のうち、最も適切なものはどれか。

1）売上原価が200百万円減少し、営業活動によるキャッシュ・フローが200百万円増加する。

2）売上原価が200百万円減少し、営業活動によるキャッシュ・フローは変化しない。

3）売上原価が200百万円増加し、営業活動によるキャッシュ・フローが200百万円増加する。

4）売上原価が200百万円増加し、営業活動によるキャッシュ・フローは変化しない。

《問2》上記の「粉飾前」の決算書に、「架空売上を200百万円計上」した場合について説明した次の記述のうち、最も適切なものはどれか。

1）売上債権が200百万円減少し、営業活動によるキャッシュ・フローが200百万円増加する。

2）売上債権が200百万円減少し、営業活動によるキャッシュ・フローは変化しない。

3）売上債権が200百万円増加し、営業活動によるキャッシュ・フローが200百万円増加する。

4）売上債権が200百万円増加し、営業活動によるキャッシュ・フローは変化しない。

・解説と解答・

《問 1 》

（単位：百万円）

	当期末 （粉飾前）	粉飾	粉飾後
売上高 売上原価	3,440 2,320	 ▲200	 2,120
売上総利益	1,120	+200	1,320
⋮ 税引前当期純利益	⋮ 10	⋮ +200	⋮ 210
法人税等	3	+60	63
当期純利益	7	+140	147

　当期商品仕入高＝売上原価＋当期末棚卸資産残高－前期末たな卸資産残高より、当期末棚卸資産を200百万円水増しすると、当期商品仕入高は変わらず、売上原価が200百万円減少することとなる。また、売上原価が200百万円減少することにより、売上総利益が200百万円増加することとなる。なお、税引前当期純利益＝当期純利益＋法人税等より、法人税率等が何％であっても、税引前当期純利益と同じ割合で当期純利益、法人税等および未払法人税が増加することとなる。

（単位：百万円）

	当期末 （粉飾前）	粉飾	粉飾後		当期末 （粉飾前）	粉飾	粉飾後
棚卸資産	590	+200	790	未払法人税	3	+60	63
				利益剰余金	677	+140	817

　以上より、「当期末の棚卸資産を200百万円水増し（過大計上）」しても、現預金の入出金には関係ないので、キャッシュ・フロー計算書にはいっさい影響しない。増加した未払法人税は「翌期の出金」の増加になるが、当期の出金ではない。なお、間接法の表記に従えば、営業活動によるキャッシュ・フローは次のとおりになる。

（単位：百万円）

	粉飾前	粉飾の影響	粉飾後
税引前当期純利益	10	+200	210
減価償却費	320		320
売上債権増減額	▲180		▲180
棚卸資産増減額	▲190	▲200	▲390
仕入債務増減額	▲60		▲60
法人税等の支払額	▲2		▲2
その他流動負債増減額	▲18		▲18
営業活動によるキャッシュ・フロー	▲120	0	▲120

※「法人税等の支払額＝▲(前期未払法人税－当期法人税等＋当期未払法人税)」により算出。

「税引前当期純利益増加額200百万円」が、「棚卸資産増加額▲200百万円」と相殺されることとなり、営業活動によるキャッシュ・フローは変化しない。

正解　2）

《問2》

（単位：百万円）

	当期末（粉飾前）	粉飾	粉飾後
売上高	3,440	+200	3,640
売上原価	2,320		
売上総利益	1,120	+200	1,320
⋮	⋮	⋮	⋮
税引前当期純利益	10	+200	210
法人税等	3	+60	63
当期純利益	7	+140	147

「架空売上を計上」することは、次の仕訳をすることになる。

売上債権　200百万円／売上　200百万円

　損益計算書への影響としては、売上高が200百万円増加し、売上総利益が200百万円増加し、以降の利益も順次増加する。また、税引前当期純利益＝当期純利益＋法人税等より、法人税率等が何％であっても、税引前当期純利益と同じ割合で当期純利益、法人税等および未払法人税は増加することとなる。また、貸借対照表への影響としては、架空売上分だけ架空の売上債権と、それに応じた未払法人税が増加することとなる。

（単位：百万円）

	当期末 （粉飾前）	粉飾	粉飾後		当期末 （粉飾前）	粉飾	粉飾後
売上債権	980	＋200	1,180	未払法人税	3	＋60	63
				利益剰余金	677	＋140	817

　以上より、「架空売上を200百万円計上」しても現預金の入出金には何らの影響はない。したがって、キャッシュ・フロー計算書にはいっさい影響しない。なお、間接法の表記に従えば、営業活動によるキャッシュ・フローは下記のとおりになる。

（単位：百万円）

	粉飾前	粉飾の影響	粉飾後
税引前当期純利益	10	＋200	210
減価償却費	320		320
売上債権増減額	▲180	▲200	▲380
棚卸資産増減額	▲190		▲190
仕入債務増減額	▲60		▲60
法人税等の支払額（※）	▲2		▲2
その他流動負債増減額	▲18		▲18
営業活動によるキャッシュ・フロー	▲120	0	▲120

※「法人税等の支払額＝▲（前期未払法人税－当期法人税等＋当期未払法人税）」により算出。

　「税引前当期純利益増加額200百万円」が、「売上債権増加額▲200百万円」と相殺されることとなり、営業活動によるキャッシュ・フローは変化しない。

正解　4）

2024年度　金融業務能力検定

等級	試験種目		受験予約開始日	配信開始日（通年実施）	受験手数料（税込）
IV	金融業務4級　実務コース		受付中	配信中	4,400 円
III	金融業務3級　預金コース		受付中	配信中	5,500 円
	金融業務3級　融資コース		受付中	配信中	5,500 円
	金融業務3級　法務コース		受付中	配信中	5,500 円
	金融業務3級　財務コース		受付中	配信中	5,500 円
	金融業務3級　税務コース		受付中	配信中	5,500 円
	金融業務3級　事業性評価コース		受付中	配信中	5,500 円
	金融業務3級　事業承継・M&Aコース		受付中	配信中	5,500 円
	金融業務3級　リース取引コース		受付中	配信中	5,500 円
	金融業務3級　DX（デジタルトランスフォーメーション）コース		受付中	配信中	5,500 円
	金融業務3級　シニアライフ・相続コース		受付中	配信中	5,500 円
	金融業務3級　個人型DC（iDeCo）コース		受付中	配信中	5,500 円
	金融業務3級　シニア対応銀行実務コース		受付中	配信中	5,500 円
	金融業務3級　顧客本位の業務運営コース		-	上期配信	5,500 円
II	金融業務2級　預金コース		受付中	配信中	7,700 円
	金融業務2級　融資コース		受付中	配信中	7,700 円
	金融業務2級　法務コース		受付中	配信中	7,700 円
	金融業務2級　財務コース		受付中	配信中	7,700 円
	金融業務2級　税務コース		受付中	配信中	7,700 円
	金融業務2級　事業再生コース		受付中	配信中	11,000 円
	金融業務2級　事業承継・M&Aコース		受付中	配信中	7,700 円
	金融業務2級　資産承継コース		受付中	配信中	7,700 円
	金融業務2級　ポートフォリオ・コンサルティングコース		受付中	配信中	7,700 円
	DCプランナー2級		受付中	配信中	7,700 円
I	DCプランナー1級（※）	A分野（年金・退職給付制度等）	受付中	配信中	5,500 円
		B分野（確定拠出年金制度）	受付中	配信中	5,500 円
		C分野（老後資産形成マネジメント）	受付中	配信中	5,500 円
-	コンプライアンス・オフィサー・銀行コース		受付中	配信中	5,500 円
	コンプライアンス・オフィサー・生命保険コース		受付中	配信中	5,500 円
	個人情報保護オフィサー・銀行コース		受付中	配信中	5,500 円
	個人情報保護オフィサー・生命保険コース		受付中	配信中	5,500 円
	マイナンバー保護オフィサー		受付中	配信中	5,500 円
	AML／CFTスタンダードコース		受付中	配信中	5,500 円

※　DCプランナー1級は、A分野・B分野・C分野の3つの試験すべてに合格した時点で、DCプランナー1級の合格者となります。

2024年度　サステナビリティ検定

等級	試験種目	受験予約開始日	配信開始日（通年実施）	受験手数料（税込）
–	SDGs・ESGベーシック	受付中	配信中	4,400 円
–	サステナビリティ・オフィサー	受付中	配信中	6,050 円

2024年度版
金融業務2級　財務コース試験問題集

2024年3月13日　第1刷発行

編　者　一般社団法人　金融財政事情研究会
　　　　　　　　　　　　検定センター
発行者　　　　　　　　　　　加藤　一浩

〒160-8519　東京都新宿区南元町19
発　行　所　一般社団法人　金融財政事情研究会
販　売　受　付　TEL 03(3358)2891　FAX 03(3358)0037
　　　　　　URL https://www.kinzai.jp

本書の内容に関するお問合せは、書籍名およびご連絡先を明記のう
え、FAXでお願いいたします。　お問合せ先　FAX 03(3359)3343
本書に訂正等がある場合には、下記ウェブサイトに掲載いたします。
https://www.kinzai.jp/seigo/